Cécile B
Marie Dominique Guihard
Emmanuelle Mayer

Les plantes qui purifient l'air de votre maison

ANAGRAMME
éditions

Remerciements

À Jean-Pierre Derouet, président de Plant'Airpur, Eric Henry, spécialiste horticole,
Catherine Çaldumbide et Sébastien Guillet, Institut National de l'Horticulture
et Thierry Jacquet, PDG de Phytorestore

Credit photos :
Marie Dominique Guihard,
Cyclamens Morel / E.Ulzega (photo cyclamen Halios ®),
Phytorestore, Corel, Goodshoot, Brand X, Pixland,
Photodisc, Photos.com, Liquidlibrary, Pixtal

Mise en page : Yamina Sadki

Dépôt légal 2ème trimestre 2007
ISBN 978-2-35035-094-3
Imprimé en France par Impression Design
F-92100 Boulogne - 33 (1) 46 20 57 57

Edité par ANAGRAMME éditions
48, rue des ponts
F-78290 Croissy sur Seine
33 (1) 39 76 99 43
info@anagramme-editions.fr

www.anagramme-editions.fr

Sommaire

Habitat : danger

par Cécile Baudet

Depuis les années 50, l'industrie chimique n'a cessé de produire des molécules destinées, selon son discours, à faciliter la vie de l'homme et lui assurer du confort. On a ainsi vu apparaître des matériaux de construction aisés à poser, des peintures à faire soi-même, des produits de bricolage hyper-pratiques, des nettoyants et lessives lavant plus blanc que blanc, des tissus et objets de décoration fort seyants, des jouets en plastique vraiment ludiques, des cosmétiques pléthoriques, des tue-mouches, cafards et fourmis mieux qu'efficaces : éradicateurs , des parfums d'ambiance prévus pour cacher les odeurs et assainir l'atmosphère... Quelque cent mille substances ont été dispersées dans la nature et les habitations ; substances dont la toxicité a été sinon ignorée, du moins insuffisamment étudiée. Dans le même temps, nos sociétés font face à de véritables épidémies de cancers, d'allergies, de maladies neurodégénératives. Des perturbations surviennent, qui touchent la capacité pour l'homme (et des autres espèces animales) de se reproduire.

Un constat alarmant

Sans vouloir noircir le tableau, les chiffres ne sont pas rassurants. En 1980, on a enregistré en France 160 000 nouveaux cas de cancers. En l'an 2000, ce nombre atteignait 280 000. Un terrible bond que les cancérologues expliquent par l'amélioration du diagnostic (on décèle des tumeurs de plus en plus petites, donc on en trouve davantage) et le vieillissement de la population. Cet argumentaire ne résiste pas à l'analyse. Prenons le cas des cancers du sang ou de la moelle osseuse (leucémie, lymphome et myélome) dont la découverte ne doit rien aux performances accrues de l'imagerie mais à l'examen du sang qui détermine s'il y a ou non anomalie de la formulation sanguine, leur fréquence a considérablement augmenté entre 1978 et 2000. Les lymphomes ont plus que doublé passant de 2 101 cas annuels à 5 527 chez les hommes, de 1 833 à 4 381 chez les femmes . Semblable envolée des myélomes : 889 cas masculins à 1 942 / 921 féminins à 1 645. Quant aux leucémies, des experts réunis à Londres en septembre 2004, notaient un risque augmenté de 50 % parmi les enfants de moins de 5 ans au cours de la dernière moitié du siècle dernier.

C'est également la survenue de cancers chez des malades de plus en plus jeunes qui fait question. «En Europe, cite le Pr. Dominique Belpomme dans son dernier ouvrage [1], il y a environ 1 % de cancers en plus chez l'enfant chaque année depuis trente ans». Le cancer du testicule touchant principalement des sujets entre 25 et 35 ans a été multiplié par quatre ces quinze dernières années. Le cancer du sein, qui concernait autrefois des femmes ménopausées, apparaît de plus en plus fréquemment chez des quarantenaires, voire des trentenaires et a presque doublé entre 1980 et 2000.

Si on aborde la question des maladies allergiques, là encore les spécialistes disent leur inquiétude. On en compterait 25 % en plus tous les 10 ans [2]. Sur les 3,5 millions d'asthme et les 2,8 millions de dermatite atopique (eczéma) recensés, respectivement un tiers et deux tiers concernent les enfants. Quant aux rhinites allergiques considérées comme banales, elles occasionnent chaque année 7,7 millions de journées d'arrêt de travail et coûtent à la collectivité 1,5 milliards d'euros (somme couvrant les frais d'honoraires médicaux, les médicaments, les examens et les indemnités de travail). Un syndrome [3] : l'hypersensibilité chimique est récemment apparu. Il ne s'agit pas à proprement parler d'allergie, mais les victimes en présentent des signes (yeux,

1 *Avant qu'il ne soit trop tard, Pr. Dominique Belpomme, éd. Fayard*
2 *M. Aubier (coord.), «pathologies immuno-allergiques et environnement» dans Santé-Environnement et Santé-Travail, nouvelles perspectives de recherches (Document d'orientation scientifique de l'Agence nationale de la recherche), mars-avril 2005*
3 *Un syndrome correspond à une association de plusieurs symptômes, signes ou anomalies constituant une entité clinique mais ne définissant pas une maladie*

nez qui piquent, gorge irritée, toux...) dès lors qu'ils se trouvent en présence de décapants, produits de beauté, parfums, nettoyants ménagers, insecticides.... Répertoriée depuis les années 50 aux Etats-Unis, l'hypersensibilité chimique multiple toucherait entre 0,2 et 6,3% des populations des pays riches, soit environ 120 000 à 3 780 000 personnes en France [4].

Autre sujet de préoccupation, les pathologies neuro-dégénératives, type Alzheimer et Parkinson, dont le nombre ne cesse de croître. Même si l'allongement de la durée de vie permet d'expliquer la première qui touche plutôt des sujets âgés (le nombre de personnes atteintes double tous les cinq ans à partir de 65 ans), l'hypothèse d'un lien avec la pollution de l'environnement n'est pas exclue. On a constaté un plus grand nombre de malades dans les régions desservies par une eau du robinet contenant de l'aluminium. Or, une partie de ce métal provient des traitements de l'eau réalisés avant sa distribution, procédés devenus de plus en plus complexes au fur et à mesure de la pollution des ressources en eau. En ce qui concerne la maladie de Parkinson, qui survient à l'aube de la retraite (moyenne d'âge d'apparition : 55-60 ans), le tribunal des affaires sociales de Bourges reconnaissait en mai 2006 celle d'un ouvrier agricole comme maladie professionnelle, décision que la Mutualité sociale agricole, l'organisme de tutelle du salarié, n'a pas contesté en faisant appel. Il est vrai qu'en juin 2006 ont été publiés dans Annals of Neurology les résultats d'une étude réalisée par une équipe de l'école de santé publique de Harvard [5] indiquant, à partir d'un échantillon de 143 325 personnes, que l'exposition aux pesticides augmente le risque de maladie de Parkinson de 70 %.

Dernier souci et non des moindres, on assiste à une forte baisse (de 2 % par an, analyses faites à partir des années 70) de la concentration de spermatozoïdes dans le sperme humain. De plus en plus de couples recourent à la procréation médicalement assistée pour concevoir un enfant : 15 % contre 7 à 8 % au début des années soixante. D'autres

[4] *Association SOS/MCS, 4 rue Saint-Exupéry, 69300 Caluire. Site : www.sosmcs.org, courriel : sos.mcs@wanadoo.fr*
[5] *Pesticides exposure and risk for Parkinson's disease, Annals of neurology, 60, 2006, p. 197-203*

anomalies apparaissent : une baisse du taux de testostérone, l'apparition de malformations génitales chez le petit garçon, par exemple un taux de cryptorchidie (rétention pathologique des testicules dans l'abdomen) qui croît, de même que les cas d'hypospadias (méats urinaires s'ouvrant à la base du pénis) dont le nombre a doublé en 20 ans. En cause, la présence dans l'environnement de perturbateurs endocriniens (on dénombre plusieurs centaines de molécules) qui troublent les équilibres hormonaux et/ou modifient l'expression des gènes durant la vie fœtale. Ces perturbateurs sont également mis en cause dans les affections de la thyroïde, elles aussi de plus en plus fréquentes, ainsi que dans l'épidémie d'obésité que connaissent tous les pays industrialisés.

Des liens de cause à effet

Constater que les indicateurs de santé virent peu à peu au rouge est une chose. Imputer ce fait à la pollution de l'environnement qui se généralise, en est une autre. Bien sûr les industriels se défendent d'un tel lien de causalité. Ils préfèrent invoquer la coïncidence plutôt que de battre leur coulpe et adopter d'autres stratégies.

Sauf quand l'évidence devient trop criante, comme dans le cas des éthers de glycol qu'on trouve quasiment partout : une famille d'une trentaine de molécules dont les pouvoirs dégraissant et liquéfiant ont fait le succès des peintures au liquide-vaisselle et lave-vitre, en passant par les crèmes, les shampoings et vernis à ongles. En 1999, quatre molécules, dont la toxicité pour la reproduction et la susceptibilité de produire des malformations chez les enfants à naître étaient connues depuis ...1971, voient finalement leur usage encadré pour le consommateur. En 2003, trois autres sont interdites en pharmacie et cosmétologie. Au fil des années et de l'accumulation de preuves, le choix des industriels se reporte sur d'autres éthers de glycol, par exemple l'EGBE, classé pourtant cancérigène probable pour l'homme et responsable de désordres sanguins chez l'animal.

La chimie est un monde complexe, composé de familles dont tous les membres n'ont pas le même pouvoir de nuisance On l'a vu pour les éthers de glycol, c'est également le cas des phtalates, qui servent d'additifs pour assouplir les plastiques. Issus de l'acide phtalique, on en dénombre plusieurs, parmi lesquels le DEHP (diéthylhexylphtalate) et le DBP (dibutylphtalate) sont les plus préoccupants . En 2003, leur présence est recherchée dans l'air et la poussière de 59 appartements allemands et 74 jardins d'enfants berlinois. Mesures concluantes, la quantité de DBP était même plus élevée dans les jardins d'enfants que dans les appartements (1,20 mg par mètre cube contre 1 mg par mètre cube) . La quantité de DEHP, relevée dans les lieux d'habitation varie entre 0,23 et 1,76 g par kilo de poussière.

Deux études parues en 2005 et 2006 attestent de la dangerosité de ces assouplisseurs. La première [6] décrit des taux de désordres génitaux (réduction de la taille du scrotum et du pénis ainsi qu'une diminution de la distance ano-génitale) chez les petits garçons de mères qui présentaient des doses plus importantes de phtalates dans les urines. La seconde [7] établit un lien entre des modifications du statut hormonal des nourrissons de trois mois et la présence de phtalates dans le lait maternel. Trois pays européens, la Suède, le Danemark et l'Allemagne, ont déjà choisi de réduire l'utilisation des phtalates !

[6] *Shanna H. Swan et al. 2005 dans Environmental health perspectives*
[7] *Main et al. 2006*

Point par point

Nous manquons dramatiquement de toxicologues (les recherches ayant été orientées presque exclusivement sur la génétique) pour travailler sur la toxicité et l'écotoxicité des molécules chimiques. Il existe cependant des connaissances que plus personne ne conteste, car elles sont validées par des organismes qui font autorité, tels que le CIRC, Centre international de recherche sur le cancer, encore appelé de son nom anglais IARC, International agency for research on cancer. Basé à Lyon, cet organisme dépend directement de l'Organisation mondiale de la santé (OMS) et ses avis, très étayés, pèsent le poids du consensus en matière de cancérologie.

Et que dit le CIRC ?

Le benzène, très volatil - il fait d'ailleurs partie des COV (composés organiques volatils) - est un cancérogène certain pour l'homme, chez lequel il est susceptible d'induire des leucémies. Des études suggèrent que le fait de résider à proximité des grandes voies de circulation ou de stations-service augmente le risque de maladies chez l'enfant.

Le formaldéhyde classé comme cancérogène probable pour l'homme est en passe, compte-tenu de données récentes, d'être répertorié parmi les cancérogènes certains de la sphère naso-pharyngée (rhino-pharynx et sinus). L'OMS recommande que ses concentrations dans les lieux fermés soient inférieures à 0,1 mg par mètre cube pour les personnes qui y séjourneraient 30 minutes. L'agence américaine pour les substances toxiques a abaissé ce niveau d'exposition à 0,04 mg/mètre cube pour les personnes qui y seraient exposées durant une période de 1 à 14 jours.

Le trichloréthylène (utilisé dans les vernis, les peintures, les colles, les détachants) et le styrène (se dégageant des matériaux isolants) sont, respectivement, considérés comme probable et possible cancérogène.

On notera au passage le souci des mots : certain, probable, possible, que le CIRC emploie pour décrire des effets dont la particularité est qu'ils se déclarent longtemps après l'exposition :10 à 15 ans, voire plus, séparent l'apparition du cancer du contact avec le produit toxique.

Il est par contre des effets immédiats faciles à enregistrer. Le formaldéhyde est un puissant allergène responsable de sensibilisation cutanée (eczéma, urticaire), d'allergies respiratoires (rhinite, asthme), voire de choc anaphylactique. Il peut également provoquer des irritations des yeux, du nez et de la gorge. L'enquête de l'Observatoire de la qualité de l'air intérieur en a mesuré des quantités notables dans les logements (selon les valeurs seuils utilisées, 2 à 25% des lieux se trouvent concernés).

Quant au benzène retrouvé dans une habitation sur trois lors d'une enquête menée dans le Nord-Pas de Calais [8], il est accusé, avec d'autres hydrocarbures aromatiques comme le xylène, le toluène, le styrène, de provoquer des asthmes, des irritations et obstructions nasales.

Démêler les fils

Il devient extrêmement difficile d'imputer un symptôme à un polluant, tant la soupe chimique dans laquelle nous baignons est complexe. Plus de 300 COV (composés organiques volatils) différents, dont font partie les molécules décrites dans le paragraphe précédent, ont été identifiés dans l'atmosphère. Parmi les effets qui leur sont liés, le Docteur Suzanne Déoux [9] signale des manifestations d'ordre neurologique. «Les symptômes sont souvent proches de l'imprégnation éthylique avec étourdissements, vertiges, perte de concentration et de coordination, fatigue, maux de tête, irritabilité, somnolence».

[8] *Etude de l'ADEME (Agence de l'envrionnement et de la maîtrise de l'énergie du Nord-Pas de Calais) réalisée dans 60 logements*
[9] *Auteure avec son mari Pierre Déoux (lui aussi médecin) de «Le guide de l'habitat sain» édition Médiéco*

Assurément, beaucoup se reconnaîtront dans l'un ou l'autre de ces signes. Ou encore, ils s'interrogeront sur le syndrome d'hyperactivité dont de plus en plus d'enfants sont victimes et que les psycho- pédiatres médicalisent avec de la Ritaline®. Et si la pollution de l'air intérieur (chez eux, dans les jardins d'enfants, à l'école...) expliquait en partie le phénomène ? Ou celle qu'ils auraient subie via le placenta ? L'Environmental working group étasunien [10] a recherché la présence de toxiques dans le sang du cordon ombilical de nouveaux nés. Sur les 413 polluants recherchés, 287 ont été décelés. Dont 217 neurotoxiques !

L'impact des mélanges

Certes, au fur et à mesure de l'avancée des connaissances, des normes ont été établies, censées protéger les populations. Mais le Pr. Dominique Belpomme [11] indique qu' «*elles concernent essentiellement la toxicité aiguë des produits*», rencontrée lors d'un accident ou d'un usage professionnel. «*Celle liée à la répétition des doses est beaucoup moins connue. On ne sait jamais avec précision ce qu'il advient lorsque la durée d'exposition à un produit toxique se prolonge pendant plusieurs années*». Surtout pour les produits mutagènes, responsables de cancers, de malformations congénitales et de certaines stérilités, la notion de seuil n'est pas pertinente. «*Beaucoup de maladies*, précise John Peterson Myers de l'Environmental health sciences, lors du second colloque international de l'Appel de Paris [12] *sont programmées durant le développement intra-utérin, par des molécules qui interviennent au niveau de l'expression des gènes, à des doses de l'ordre d'une particule par billion de particules*». Autrement dit, des quantités qui n'ont plus rien à voir avec les doses connues pour être toxiques. Mieux, impossible d'extrapoler à partir de ce que l'on connaît chez l'animal, car, indique Sylvaine Cordier, Directrice de recherche à l'Inserm et spécialiste de ces

[10] *Etude publiée en juillet 2005, disponible sur : www.ewgorg/reports/bodyburden2/execsumm.php.*
[11] *Cancérologue à l'Hôpital européen Georges Pompidou de Paris, le Pr D. Belpomme a écrit « Ces maladies crées par l'homme» (2004) et «Avant qu'il ne soit trop tard» (2007)*
[12] *Lors du second colloque international de l'Appel de Paris de novembre 2006*

questions, il existe «*une plus grande sensibilité de l'homme à ces substances, sensibilité pouvant être multipliée par 10 voire par 100 quand il s'agit, par exemple, des PCBs* [13]». Encore mieux, continue-t-elle, «*Un mélange de produits peut être nocif, alors que chacun des produits pris séparément est inoffensif*». Enfin ces effets ne sont pas linéaires : c'est-à-dire qu'ils n'augmentent pas à mesure que les quantités croissent, il peut exister des valeurs limites à partir desquelles les effets vont crescendo ou au contraire décroissent.

Une priorité : protéger les enfants

Les normes réglementaires en vigueur ont été fixées à partir de l'adulte or ce sont les enfants qui sont les plus vulnérables, d'une part, en raison du fait qu'il s'agit d'êtres en croissance. Un exemple ? le nombre des alvéoles pulmonaires passe de 30 millions à 300 millions entre 0 et 2 ans. Et la taille de ces alvéoles augmente entre 2 et 7 ans. «Si, pendant ces années-là, note le Docteur Suzanne Déoux , ils inhalent de l'air pollué, cela peut nuire au développement de leurs poumons, et amoindrir leur capacité respiratoire ultérieure». D'autre part, les capacités de métabolisation et d'élimination des substances inhalées ou ingérées, qu'il s'agisse de toxiques ou de médicaments, varient en fonction de l'âge, de la taille et du poids (d'où par exemple des posologies de médicaments différentes par classe d'âge ou de poids). Même s'il ne concerne pas la pollution de l'atmosphère, un exemple significatif est celui des téléphones portables. Ils émettent un rayonnement électromagnétique caractérisé par un taux d'absorption spécifique, le TAS, qui représente la vitesse avec laquelle l'énergie du rayonnement est absorbée. En comparant ce qui se passe dans des modèles de tête d'enfants de 5 ans, de 10 ans et d'adultes, on constate que le TAS croît des premiers aux derniers [14].

[13] *Les PCBs , ou polychlorobiphényles, qui font partie comme les dioxines de la famille des hydrocarbures aromatiques polycycliques chlorés, ont été largement utilisées jusque dans les années 80 comme isolants électriques (commercialisés dans ce cadre sous le nom de pyralène), fluides caloporteurs, stabilisant de peintures et de vernis. Ils font partie, en raison de leur grande persistance dans l'environnement et leur affinité pour les tissus graisseux, des 12 toxiques du Pop-club (polluants organiques persistants), qui ont été l'objet de la Convention de Stockholm de 2001, entrée en vigueur en 2004, et qui en interdit désormais l'usage. Mais leur persistance fait qu'on en trouve encore dans les organismes et l'environnement.*

[14] *D'après O.P. Gandhi et coll. Electromagnetic absorption in the human head and neck for mobile telephones 1996.44 : 1884-1897*

Autrement dit, à durée de communication égale sur un même portable, les tissus cérébraux d'un enfant de 5 ans sont trois à quatre fois plus touchés par le rayonnement que ceux d'un adulte.

Autre particularité : les enfants d'aujourd'hui seront exposés plus longtemps à un cocktail de plus en plus complexe : Chaque année, la mise sur le marché de nouveaux produits augmente la complexité du cocktail et son éventuelle toxicité. Les enfants des années 60 ou 70, n'ont pas rencontré le même niveau d'exposition que ceux de 2005.

Enfin, leur taille les met à hauteur des tuyaux d'échappement des voitures ou des portes de four d'où émanent de nombreuses substances toxiques lors des cuissons. Parfois leur comportement augmente le danger. Le fait de se déplacer par terre les place au contact des poussières du sol chargées des polluants et des pesticides qui s'échappent des diffuseurs branchés sur prise ; porter les objets à la bouche leur fait avaler les assouplisseurs de plastic, tels les phtalates et autres toxiques. Une enquête publiée, en janvier 2007, dans l'édition française du National Geographic, signale des taux presque deux fois plus élevés de PBDE, des ignifuges [15], dans le sang d'un nourrisson de 18 mois par rapport à ceux analysés chez une fillette de 5 ans (650 ppm – partie par millions- contre 390 ppm).
«Promouvoir l'adoption de normes toxicologiques ou de valeurs seuils internationales pour la protection des personnes, basées sur une évaluation des risques encourus par les individus les plus vulnérables, c'est-à-dire les enfants, voire l'embryon» constitue l'une des mesures de l'Appel de Paris, lancé le 7 mai 2004 à l'UNESCO, lors du colloque «Cancer, environnement et société», organisé par l'Artac, Association pour la recherche thérapeutique anticancéreuse, présidée par le cancérologue Dominique Belpomme.

«Avant qu'il ne soit trop tard»

Ce titre, celui du dernier ouvrage du cancérologue, ne pêche ni par pessimisme ni par optimisme. Une chose est sûre, l'état des habitations reflète celui qui sévit à l'extérieur. «En matière de pollution chimique, écrit Dominique Belpomme, il est essentiel de comprendre que les polluants persistent et s'accumulent dans l'environnement, y créant des dégâts en partie irréversibles». Que faire ? «Agir d'urgence pour nous en sortir ! Mais comment ? En réformant totalement notre façon de penser, notre conception de la vie, notre système économique».

[15] *On trouve des PBDE dans les matelas et oreillers en mousse, les tapis et sous-tapis, les coussins de chaise, les appareils électriques (sèche-cheveux, téléphone, ordinateurs, jeux électroniques...)*

La fin annoncée de l'or noir – l'industrie de la chimie de synthèse est issue de la pétro-chimie- est peut-être «la» chance qui nous est offerte de remettre nos systèmes à plat. Elle suppose un changement dans nos modes de consommation, un rapprochement avec la nature et une révolution des consciences.

C'est à ce triple défi que ce modeste livre invite. Consommer moins et mieux suppose, pour nos habitations, de redécouvrir des matériaux nobles, anciens, des solutions simples pour construire, décorer, meubler, se parfumer, de faire le choix du durable plutôt que celui du jetable. Se rapprocher de la nature. L'assainissement et la dépollution des atmosphères intérieures par les plantes arrivent à point pour nous rappeler à l'ordre. Dans sa mégalomanie, l'homme a cru possible d'asservir la nature en la domestiquant, en arrachant et déboisant ce qui le dérangeait, en foulant au pied la biodiversité, en bétonnant tout ce qu'il était possible de bétonner...En fait, on le re-découvre un peu mieux chaque jour, le monde végétal constitue un formidable allié pour construire un monde plus humain. Nos destinées sont liées, indiscutablement !

Une révolution des consciences ? Participer à la réalisation d'un mur végétal et à l'entretien de plantes d'intérieur, traduit une certaine manière de considérer son environnement. «C'est le temps que tu as perdu pour ta rose qui fait ta rose si importante» dit le Petit Prince. Il est plus que temps de cultiver notre jardin !

Notre air intérieur pollué

par Emmanuelle Mayer

L'atmosphère intérieure : un cocktail de polluants

Si la pollution atmosphérique est une réalité connue, mesurée et médiatisée, la qualité de l'air intérieur, en revanche, est une préoccupation récente, longtemps négligée. Pourtant nous passons en moyenne 22h sur 24 dans des bâtiments clos ou semi-clos. Selon Yannick Vicaire, responsable de la campagne « Toxiques » à Greenpeace, « *nous vivons dans une soupe chimique* ». En effet, la majorité des polluants domestiques sont issus de l'industrie chimique. Il s'agit principalement des Composés Organiques Volatils ou COV, une famille hétérogène comprenant notamment les hydrocarbures, les éthers de glycol et les aldéhydes. On les retrouve dans de nombreux produits de construction, de décoration, d'entretien et même dans les cosmétiques. Autres substances dangereuses, les pesticides domestiques, aussi appelés biocides, que ce soit en bombe aérosol ou en traitement du bois. On trouve enfin des gaz tels que le radon et le monoxyde de carbone, des fibres, des particules et des métaux lourds. L'émission et la présence de ces polluants dans l'air sont fortement conditionnées par la température et l'humidité relative des bâtiments, et leur concentration est en lien direct avec le renouvellement d'air apporté par la ventilation et l'aération.

Classification sanitaire des polluants de l'air intérieur dans les logements

Groupe A - 7 substances « hautement prioritaires »: formaldéhyde, benzène, actéaldhéhyde, particules, radon, phtalates (DeHP) et dichlorvos
Groupe B - 12 substances « très prioritaires » : allergènes de chien et de chat, dioxyde d'azote, acariens, toluène, trichloréthylène, dieldrine, plomb, paraffines chlorées à chaîne courte, tetrachloroéthylène, aldrine, monoxyde de carbone
Groupe C - 51 substances « prioritaires » parmi lesquelles des biocides, les champs électromagnétiques très basse fréquence, des COV, des éthers de glycol, des fibres minérales, des phtalates, des retardateurs de flamme et organoétaints

Source : Observatoire de la qualité de l'air intérieur

Les sources de polluants

Parfum capiteux, étagère design, matelas moelleux, désodorisant fraîcheur, bureau flambant neuf, cuisinière performante... la plupart des objets que nous utilisons quotidiennement à la maison dégagent des substances qui polluent notre air intérieur ! Petit inventaire...

Les produits et matériaux de construction

Le bois

Durable, renouvelable... oui, le bois est un matériau écologique. Mais cela ne signifie pas qu'il soit sain ! Le bois utilisé pour la construction (charpentes, menuiseries...) est presque toujours traité contre les insectes et les champignons. Mais ces insecticides et fongicides dégagent des molécules toxiques dans l'air pendant des années. Le PCP et le Lindane, deux pesticides très nocifs longtemps utilisés ont provoqué de graves intoxications. Aujourd'hui, on trouve encore du lindane dans les produits anti-termites. Autre pesticide dangereux : le mélange CCA, pour cuivre chrome arsenic. Caractère cancérogène de l'arsenic oblige, il a été abandonné... après avoir été utilisé dans la majorité des bois jusqu'à peu ! Les substances actives avec lesquelles on traite désormais les bois, comme les pyréthrinoïdes de synthèse, les triazoles et le bore (acide borique, borax) sont moins dangereuses mais les produits contiennent presque toujours des COV tels que les solvants organiques ou les éthers de glycol.

Alternative : Pour les nouvelles constructions, préférez le bois de coeur, naturellement résistant, les essences nobles comme le douglas, le mélèze, le robinier, le chêne ou le châtaigner et abattues en hiver. Veillez également à ne pas dépasser 60% d'humidité relative dans votre logement. Si un traitement est nécessaire, préférez le bore ou les procédés sains : par la chaleur (bois « rétifié », « thermowood »...) ou par oléothermie.

Les isolants

Laine de verre et laine de roche

Pour certains maçons, la laine de verre sera le prochain scandale sanitaire après l'amiante. En 1987, les laines minérales ont en effet été classées comme «pouvant être cancérogènes pour l'homme», par le Centre international de recherche contre le cancer. Mais en 2001, elles ont été reconnues non-cancérogènes, car les nouvelles fibres sont moins persistantes. Un rapport de l'INSERM affirme que les études ne permettent pas de conclure à une corrélation certaine entre les risques de pathologies et la manipulation des laines mais n'exclut pas pour autant un risque accru... Ce qui est sûr, c'est que ces isolants contiennent des fibres respirables très irritantes, y compris pour la peau. Leur pouvoir de pénétration respiratoire n'est pas comparable à celui de l'amiante mais elles peuvent atteindre les alvéoles pulmonaires. De plus, les fibres sont liées avec des résines émettrices de COV dont du formaldéhyde !

La mousse urée formol

Grâce à ses excellentes performances, sa facilité de mise en oeuvre et son faible coût, cette mousse injectée pour isoler murs et cloisons, a connu un grand succès dans les années 70. Côté sanitaire, en revanche, ce fut un désastre : elle dégage des quantités incroyables de formaldéhyde. Beaucoup moins utilisée, elle est encore autorisée en France sous des conditions qui limitent la concentration de formaldéhyde à une dose qui dépasse cependant les recommandations de l'OMS.

Le polystyrène expansé

Sous l'effet de la chaleur et surtout en cas d'incendie, le polystyrène expansé ou extrudé dégage des gaz très toxiques : dioxyde et monoxyde de carbone, benzène, styrène... Ce matériau diffuse également à faible dose du pentane, considéré comme toxique. Difficile, en conséquence, de considérer le polystyrène comme sain, quoi qu'en disent les producteurs. Néanmoins, s'il est bien séparé du logement par des cloisons ou planchers, il ne présenterait pas de dangers majeurs.

Le polyuréthane PUR

Le polyuréthane sous forme d'isolant est très efficace mais nécessite énormément d'énergie pour sa fabrication. Sur les chantiers de mise en oeuvre, il émet plusieurs toxiques dans des concentrations qui peuvent dépasser les valeurs limites. En cas d'incendie, le polyuréthane libère du monoxyde de carbone, des isocyanates et de l'acide cyanhydrique, extrêmement dangereux. Or ce matériau est très inflammable. D'où l'utilisation de retardateurs de feu et d'ignifuges, indispensables mais toxiques pour l'air intérieur !

Alternative : De nouveaux isolants, plus sains, sont arrivés sur le marché : laine de mouton, de coton, chanvre, plume de canard, liège expansé ou encore ouate de cellulose. Seul défaut : leur prix, encore élevé par rapport aux isolants traditionnels. Les multi-couches à base d'aluminium sont également plus saines mais, étanches à la vapeur d'eau, ils bloquent l'humidité et ont un mauvais bilan écologique. Si vous ne pouvez vous passer des laines minérales, veillez à ce qu'aucune ouverture ne permette la dispersion des fibres : un simple spot d'éclairage suffit (voir « Nos maisons empoisonnées » dans la bibliographie).

L'amiante

« *Exemple de l'immobilisme des pouvoirs publics face à l'activisme d'une filière industrielle* » selon Pierre et Suzanne Déoux, médecins spécialistes de l'habitat, l'amiante n'a pas disparu comme par magie depuis l'interdiction de 1997 ! Et si le flocage à base d'amiante était déjà interdit depuis 1978 - alors que le caractère cancérogène de ses fibres était connu depuis les années 50 - la plupart des grands immeubles construits avant cette date ont été amiantés. De plus, ce matériau a servi pour nombre d'autres usages sous forme de plaques d'isolation pour fours, convecteurs ou faux plafonds, en textile, incorporé dans du ciment pour les panneaux de toiture, cloisons, tuyaux, et dans des liants pour la sous-face de revêtements. Le risque ne survient que si les fibres peuvent se disperser c'est à dire quand le matériau est friable. Les matériaux durs peuvent également libérer des fibres d'amiante s'ils sont en mauvais état. La loi impose aujourd'hui à tout propriétaire d'immeuble dont le permis a été déposé avant le 1er juillet 1997, d'effectuer une recherche d'amiante. Même chose pour les propriétaires de maisons individuelles qui veulent vendre. Mais pour le moment, les locataires de maisons ne sont pas protégés. Selon un rapport du Sénat publié en octobre 2005, « *60 000 à 100 000 morts sont attendus dans les 20-25 ans à venir.* (...) *Les scientifiques jugent l'épidémie à venir inéluctable et irréversible* ».

Le PVC

Le polychlorure de vinyle, de son vrai nom, est le deuxième plastique le plus utilisé au monde après les polyéthylènes. On le retrouve en tuyaux, fenêtres, revêtements de sol, films alimentaires, ustensiles, tissus d'ameublement, jouets... Comme l'indique le site du Syndicat des producteurs de plastiques, le PVC « *peut être soit rigide soit souple en fonction des multiples ingrédients qu'on lui incorpore.* » C'est bien là tout le problème ! Parmi ces additifs, on trouve des agents plastifiants comme les phtalates et des stabilisants tels des métaux lourds ou des composés organiques de l'étain. Ces molécules peuvent diffuser dans l'air si le PVC est chauffé. En cas d'incendie, il se produit un dégagement d'acide chlorhydrique, de dioxines et d'autres toxiques : c'est l'asphyxie assurée !

Les produits d'ameublement et de décoration

Matelas, coussins, rembourrages

Dans les coussins, sièges et matelas, le duvet et la laine sont aujourd'hui remplacés par la mousse de polyuréthane, moelleuse à souhait. Comme l'isolant du même nom, elle est extrêmement inflammable, d'où la présence de retardateurs de feu et d'ignifuges, des substances bromées et organophosphorées susceptibles d'être inhalées. La mousse de polyuréthane pourrait également dégager des isocyanates.

Alternative : Pour la literie, choisir des rembourrages en latex et/ou coton voire en laine, bien aérer la chambre et passer régulièrement l'aspirateur sur le matelas. Ne pas le poser à même le sol mais sur un sommier, de préférence à lattes de bois, pour assurer une bonne ventilation.

Mobilier en panneaux de particules

Contreplaqués, lamellés-collés ou panneaux de particules, les bois agglomérés sont tous fabriqués avec des colles contenant du formaldéhyde. En général, les panneaux des meubles sont revêtus, stratifiés ou mélaminés... mais pas toujours sur toutes les arrêtes. De plus, ces revêtements sont eux-mêmes fixés avec des colles qui dégagent des solvants toxiques. Une réglementation existe en Allemagne, basée sur les émissions des panneaux. En France, la classification est réalisée sur les teneurs en formaldéhyde et non sur les émissions et n'a pas valeur réglementaire. Mais le marquage désormais obligatoire (E1 = faiblement émissif) permet de choisir en connaissance de cause. Si les quantités de formaldéhyde ont énormément diminué depuis les trente dernières années, elles restent préoccupantes. Un test de l'UFC-Que Choisir, en Janvier 2006 avait affirmé : « *Peut-on respirer un air sain quand on installe une commode en bois aggloméré dans sa chambre ? Notre réponse est formelle, c'est non.* » Voilà qui est clair !

Alternative : *Privilégions tant que possible le mobilier en bois massif, en particulier dans les chambres.*

Revêtements de sols

Tapis et moquettes

Voilà de véritables réservoirs à polluants ! Acariens, poils d'animaux, poussières, moisissures et bien sûr COV, qu'ils adsorbent pour mieux les rediffuser, sans compter les émanations du dossier en mousse, des solvants de la colle et des produits de traitement contre le feu, les taches, les moisissures etc. ! Pas de doute, les moquettes sont à bannir. Quant aux tapis, il faut les dépoussiérer et les aérer en extérieur de temps en temps.

Revêtement plastique

A la différence du linoléum véritable, fabriqué à partir de matériaux naturels, ce que nous appelons couramment « lino » est un revêtement en PVC susceptible de dégager plusieurs toxiques (voir paragraphe PVC).

Alternative : *Mieux vaut choisir des parquets, carrelages ou linoléum véritable, posés avec une colle en phase aqueuse à base d'amidon ou de cellulose, du double-face, du velcro ou toute autre solution propre. Pensez également aux revêtements en fibres végétales comme le jute, le coco ou le sisal.*

Revêtements muraux

Les papiers peints sont fixés avec une colle pouvant contenir des substances toxiques. De plus, certains adsorbent les COV de l'air pour les émettre ultérieurement ! Quant aux vinyles lessivables, ils emprisonnent l'humidité de la pièce et risquent d'émettre divers polluants (chlorure de vinyle monomère, fongicides, formaldéhyde, styrène...).

Alternative : Préférez les peintures et enduits naturels aux papiers peints ou posez-les avec des colles en dispersion aqueuse, à base d'amidon, de cellulose ou d'autres produits naturels.

Les colles utilisées pour les revêtements

Elles contiennent des résines -la substance adhésive – des charges, des adjuvants, et une phase de dissolution : soit un solvant, soit de l'eau. Les colles en phase solvant (ou en solution) sont dangereuses à cause des solvants qui se dégagent, principalement au moment de la pose. Les colles en phase aqueuse (ou en dispersion aqueuse ou en émulsion) contiennent en général des éthers de glycol. Les colles acryliques, utilisées pour fixer les revêtements PVC et textiles, sont en phase aqueuse. Les colles vinyliques et cellulosiques existent en phase aqueuse ou en phase solvant. On s'en sert pour le collage des papiers peints, parquets, moquettes, carreaux... Les colles les plus nocives sont les époxydiques, à cause des résines, les polyuréthanes et les néoprènes, qui dégagent des isocyanates. Les problèmes de santé peuvent aussi survenir à cause des adjuvants des colles, comme les phtalates, plastifiants, ou le formaldéhyde, utilisé comme bactéricide.

Tissus décoratifs

De la tenture aux rideaux en passant par les toiles qui recouvrent les sièges, les tissus d'ameublement émettent des COV, sauf s'ils sont en fibres naturelles non traitées. Or ils sont presque toujours traités : infroissables, anti-taches etc. Comme les papiers peints, moquettes et tapis, les tissus ont la propriété d'adsorber les COV et de les réémettre. Il est donc essentiel de les dépoussiérer et de les aérer souvent.

Peintures

Peindre ses murs augmente la pollution intérieure, car la grande majorité des peintures dégagent des composés toxiques, en particulier au moment de leur application. Le problème vient surtout des produits utilisés pour la dissolution. Pour les peintures en phase solvant (dite à l'huile ou glycérophtaliques), il s'agit de solvants organiques : toluène, xylène, white spirit, trichloréthylène, cétones, alcools... Ces toxiques envahissent l'air au moment de l'application et continuent de se dégager plusieurs mois après. Dans le cas des peintures en phase aqueuse (dite à l'eau), il y a bien une importante proportion d'eau mais aussi des cosolvants, comme les éthers de glycol, ainsi que des biocides comme le formaldéhyde. Directive européenne oblige, les peintures en phase solvant devraient être moins utilisées. Mais attention, si les peintures à l'eau dégagent moins de COV, l'émission des éthers de glycol est beaucoup plus lente que celle des solvants organiques et, comme elles sont inodores, on a tendance à réoccuper le lieu trop tôt.

Alternative : Préférez les peintures à l'eau en « émulsion » ou en « dispersion », moins nocives que les autres ; les peintures à la chaux, qui n'émettent quasiment aucun COV et sont naturellement bactéricides ; les peintures à base de caséine ou de silicates, de préférence sans solvant et celles qui sont labellisées NF environnement et écolabel européen. Au moment de l'application, protégez-vous avec un masque et des gants et ventilez bien la pièce.

Peintures au Plomb

Lorsque l'on parle de « peinture au plomb », on évoque un pigment blanc appelé céruse, un sel de plomb qui provoque le saturnisme. L'utilisation de la céruse dans les peintures a été interdite en 1948. Mais la plupart des habitations construites avant cette date ont été peintes avec ce toxique. Dégradation du bâti et humidité peuvent rendre accessibles ces peintures anciennes, même recouvertes d'autres revêtements. Si vous pensez être concerné, veillez à ce que les enfants ne grattent pas les murs et nettoyez régulièrement les sols. Vous pouvez effectuer des tests de détection et, le cas échéant, des travaux, soit pour recouvrir les zones dangereuses, soit pour supprimer complètement les peintures. Depuis 2006 (seulement !), les propriétaires doivent faire un Constat de risque d'exposition au plomb (CREP) pour la vente de logements anciens. En cas de peintures au plomb dégradées, ils sont tenus d'effectuer des travaux. Ces mesures devraient être élargies aux locataires en 2008. En outre, si un cas de saturnisme est signalé chez un enfant, le propriétaire doit obligatoirement faire un CREP et si des peintures au plomb dégradées sont détectées, les travaux sont obligatoires et immédiats.

Notons que Le plomb peut également se trouver dans les canalisations anciennes et contaminer l'eau.

La fumée du tabac

De toute évidence, s'il l'on souhaite respirer un air sain à la maison, il faut bannir la fumée du tabac ! Elle est la principale source intérieure de COV, adsorbés et désorbés par les revêtements et l'ameublement. Une cigarette contient du tabac, de la nicotine et des agents de saveur et de texture lit-on sur les paquets. En réalité, une fois allumée, la cigarette devient une véritable usine chimique. Quatre mille substances, dont plus

de quarante cancérogènes, sont contenues dans la fumée : goudrons, gaz toxiques (monoxyde de carbone, oxyde d'azote, acide cyanhydrique, ammoniac) métaux lourds (cadmium, mercure, plomb, chrome)... En terme d'émissions de formaldéhyde, le tabac est bien pire qu'un meuble en panneaux de particules. Comme l'expliquent Suzanne et Pierre Déoux dans leur « Guide l'habitat sain », la valeur limite de formaldéhyde recommandée par l'OMS est atteinte par seulement 2 cigarettes fumées dans un espace clos de 30 m^3 !

Les produits d'entretien

Extrait de l'éditorial du 24/10/2004 de Jean-Paul Geai, de l'UFC-Que Choisir : « *Ce mois-ci, parmi les dix-huit nettoyants ménagers testés, onze rejettent des molécules nocives dans l'atmosphère de nos habitations. Deux d'entre eux sont même à éliminer des placards. Les doses de formaldéhyde qu'ils émettent sont dangereuses pour la santé. (...) Quant aux autres nettoyants ménagers, la majorité d'entre eux dégage des COV chargés de substances aussi peu recommandables que les composés chlorés, les hydrocarbures aromatiques dont le benzène et le toluène ou les éthers de glycol. Et ne croyez pas que ces cocktails chimiques renforcent l'efficacité de ces détergents, certains récurent fort bien sans empoisonner leurs utilisateurs.* » Bref, les détergents, désinfectants, détachants et autres nettoie-tout sont une source de pollution réelle de nos maisons (sans parler de la pollution sur l'eau...). Les désodorisants de synthèse et encens sont également redoutables pour la qualité de l'air !

Alternative : Préférez les produits de nettoyage écologiques ou les ingrédients de « grand-mère » (bicarbonate, vinaigre blanc...), respectez voire diminuez les doses, aérez les pièces au moment de l'utilisation du produit et n'en abusez pas ! Rappelons aux accros à l'eau de javel que ce produit ne nettoie pas mais désinfecte et favorise le développement de bactéries résistantes. Elle libère du chlore qui forme des composés organochlorés, toxiques, avec les matières organiques du sol, de l'air et de l'eau. A éviter !

Les produits et activités de bricolage

Difficile de bricoler sans manipuler les produits toxiques que sont les solvants, les colles, les vernis etc. Mais outre les produits, certaines activités libèrent poussières et particules nocives par leur taille et par les substances chimiques qu'elles contiennent. Ainsi, poncer ou scier du bois sature l'air de fines particules, d'autant plus dangereuses si le bois est traité, aggloméré ou peint. Collage, décapage, peinture, ponçage, sciage... toutes ces activités devraient être réalisées fenêtres ouvertes et avec un masque. Pour la manipulation des matières fibreuses type laines minérales, il est recommandé de porter masque, lunettes et vêtements étanches aux poignets et chevilles.

Les produits de toilette et de beauté

Rivalisant d'innovations, les cosmétiques sont de plus en plus sophistiqués pour bichonner la peau sèche, la peau sensible, la peau déshydratée, la peau réactive, la peau mature, la peau grasse, la peau ridée, la peau mixte, pour hydrater, nourrir, purifier, mais aussi « détoxifier », « illuminer », « lisser »... Sauf que pour tout cela, il faut beaucoup d'ingrédients, qui ne font pas toujours du bien à notre peau et à l'air de la salle de bains. Ainsi, l'usage du formaldéhyde comme conservateur est courant, notamment dans les gels douches et les shampoings. Les phtalates sont aussi très utilisés. Une étude menée pour Greenpeace en a retrouvé dans la plupart des rouges à lèvres, parfums, dentifrices, shampoings, savons et déodorants testés. Enfin, nos cosmétiques contiennent fréquemment des éthers de glycol. Prenez aussi garde aux antibactériens présents dans les savons, déodorants ou dentifrices, ils contiennent souvent du triclosan, un produit très persistant que l'on retrouve dans l'eau, le poisson, le lait maternel... De plus, l'utilisation excessive d'antibactériens encourage le développement de souches résistantes.

Alternative : le retour à la simplicité ! Savons naturels, huiles végétales, eaux florales et, pourquoi pas, des recettes maisons. Les cosmétiques et produits d'hygiène certifiés bio sont également un gage de sécurité.

Les équipements de bureaux

Les photocopieurs dégagent des COV comme le formaldéhyde et l'acétaldéhyde. Encres et colles utilisées sont une source de COV supplémentaire. Les photocopieurs et les imprimantes laser dégagent aussi de l'ozone. S'ils sont utilisés de manière importante, ils doivent être placés dans des locaux très bien ventilés.

Les appareils de chauffage, de production d'eau chaude et de cuisson

Les produits de combustion sont toujours polluants. Le plus connu est le monoxyde de carbone, gaz incolore et inodore, qui est la première cause de mortalité accidentelle domestique par produit toxique en France. A l'intérieur des maisons, il est émis par les appareils de chauffage et de cuisson : cheminées, chaudières à gaz et à fioul, poêles à pétrole et à gaz, cuisinières à gaz etc. La combustion peut dégager d'autres toxiques : oxydes d'azote et de soufre, hydrocarbures aromatiques, formaldéhyde... Attention les cheminées ouvertes émettent aussi des particules. Pour éviter tout risque, les chaudières doivent être régulièrement entretenues et installées dans des pièces bien aérées, et les cuisinières dotées de hottes. Et en aucun cas, il ne faut brûler des bois traités et/ou de récupération dans la cheminée !

Les insecticides domestiques

Le moindre insecte dans la maison et nous dégainons bombes aérosols, diffuseurs électriques et autres pièges chimiques. Or, ces produits sont loin d'être inoffensifs pour les grands mammifères que nous sommes ! La plupart des insecticides domestiques sont aujourd'hui à base de pyréthrinoïdes de synthèse ou aux extraits de pyrèthre naturel. On les retrouve dans toute la gamme des insecticides mais aussi dans les shampoings anti-poux et en traitement dans les moquettes ou le bois. Ces insecticides sont bien moins dangereux que les organochlorés et les organophosphorés et tendent à les remplacer. Mais ces derniers sont encore utilisés, en particulier le dichlorvos et le chloropyrifos. Certains produits à la redoutable efficacité peuvent contenir jusqu'à 10% de dichlorvos ! On les trouve aussi dans les antiparasites pour animaux, là encore à de fortes concentrations. Le lindane, véritable poison, s'il n'est pratiquement plus utilisé en traitement du bois, l'est encore dans certaines lotions anti-poux ! Quant aux boules anti-mites, il ne faut pas se laisser attendrir par l'odeur nostalgique des armoires de grand-mères (la fameuse naphtaline) ou le parfum lavande de synthèse qui masque le paradichlorobenzène, très nocif.

Alternative : Préférez les solutions mécaniques : serpentins anti-mouches, moustiquaires, rideaux de perles de bois et, le cas échéant, bouchons d'oreille ! Si vous devez utiliser des produits chimiques, respectez scrupuleusement les doses et aérez largement.

L'extérieur

C'est logique, avec la ventilation et l'aération, indispensable pour renouveler notre air intérieur, l'air extérieur pénètre dans la maison. Et cet air n'est pas toujours pur ! C'est la circulation automobile qui constitue la source majeure de pollution : benzène, styrène, monoxyde et dioxyde de carbone, particules, oxydes d'azote... En ville, les jours de fortes chaleurs sans vent, les gaz d'échappement provoquent également la formation d'ozone, ce sont les fameux pics de pollution. Mais la campagne n'est pas non plus garantie 100% air pur ! Les pesticides agricoles sont une source importante de pollution de l'air rural. Habiter près d'élevages intensifs (porcheries industrielles, en particulier), d'incinérateurs, de centrales thermiques et de certaines usines présente aussi un risque pour la qualité de l'air.

Alternative : Si l'on prévoit de déménager ou de faire construire, choisir avec soin son implantation. En cas de résidence à côté d'élevages intensifs, il existe certaines règles simples pour limiter les émanations, que vous pouvez évoquer avec l'éleveur. Si vous subissez des nuisances importantes, vous pouvez aussi engager des procédures. Gardons cependant à l'esprit qu'une mauvaise odeur ponctuelle n'est pas toujours synonyme de pollution mais parfois simplement de vie à la campagne !

Le radon

Gaz radioactif d'origine naturelle, incolore et inodore, le radon provient de la dégradation de l'uranium et du thorium du sous-sol. Il émet des particules radioactives qui provoquent le cancer du poumon (10 à 30 % des cancers du poumon seraient attribuables au radon). Ce sont les régions riches en granit qui possèdent les concentrations les plus élevées : Bretagne, Corse, Massif central et Vosges. Depuis 2002, dans ces régions, les propriétaires de lieux ouverts au public doivent faire mesurer les concentrations en radon. Si la valeur seuil de 400 bq/m^3 est dépassée, une intervention est nécessaire. A partir de 1000 bq/m^3, il faut fermer le bâtiment pour réaliser des travaux. Des résultats publiés en 2003 affirment que 12 % des 13000 établissements recensés dépassaient les 400 bq/m^3... Heureusement, il existe des solutions simples pour éliminer ce gaz : ventiler, aérer et, éventuellement, assurer une étanchéité optimale du contact sol-bâtiment. Des techniques plus sophistiquées existent en cas de forte intoxication. Vous pouvez vous renseigner au Centre scientifique et technique du bâtiment ou au Criirad, un institut de recherche indépendant sur la radioactivité qui peut effectuer des mesures (voir bibliographie).

Quelle est la qualité de l'air de nos logements ?

Selon les résultats de la première étude sur la qualité de l'air, publiés à l'automne 2006 par l'Observatoire du même nom, l'écrasante majorité des logements contient les polluants recherchés[1] mais la répartition n'est pas homogène. Seule une minorité présente des concentrations très élevées pour plusieurs polluants simultanément. Polluant par polluant, 5 à 30% des logements présentent des valeurs nettement plus élevées que les concentrations moyennes trouvées.
Excepté deux éthers de glycol, les COV sont présents dans tous les logements. 9% montrent la présence simultanée de 3 à 8 composés à de très fortes concentrations et 14% présentent de fortes à très fortes concentrations pour 1 ou 2 composés. L'enquête a permis de mettre en évidence que les concentrations de plusieurs COV évoluent de manière conjointe, ce qui suppose des sources communes. En outre, quand le garage est attenant ou communiquant, les concentrations sont supérieures à celles mesurées dans l'ensemble des logements.
Les seules valeurs guides qui existent en France concernent le radon et l'amiante. Les résultats ont donc été comparés aux quelques rares recommandations disponibles à l'étranger, lorsque le temps de mesurage était le même. Concernant le formaldéhyde, entre 2 et 25% des logements français dépassent les seuils recommandés, selon qu'il s'agit des valeurs de l'OMS ou d'autres valeurs. Pour le monoxyde de carbone, le nombre de logements qui dépassent les recommandations de l'OMS sont relativement faibles. Par contre, la moitié des logements dépassent le seuil de sensibilisation aux allergènes d'acariens.
Fait notable, 1 logement sur 2 est à une température supérieure à 21°C et 5% des logements présentent une température supérieure à 25°C dans les pièces de sommeil !

[1] *Monoxyde de carbone, particules, radon, allergènes de chiens et chats, acariens, dixoyde de carbone, divers COV : hydrocarbures aromatiques, aliphatiques et halogénés, ethers de glycol, aldéhydes, ainsi que le rayonnement gamma, la température, l'humidité relative et le débit d'air des habitations.*

Entre 2000 et 2003, Greenpeace avait également réalisé des études dans plusieurs pays européens sur la poussière des logements, dont ceux de parlementaires, pour attirer l'attention des pouvoirs publics sur la pollution de l'environnement domestique. Les analyses portaient sur 5 familles d'additifs chimiques courants, comme les retardateurs de flamme bromés, les composés organoétains ou les phtalates. A l'exception des alphylphénols, toutes les autres familles de substances ont été trouvées dans les foyers français, dans des proportions très hétérogènes. Notons qu'un taux record de phtalates a été retrouvé dans une école maternelle !

Les deux études constatent des contaminations hétérogènes, d'où la nécessité d'approfondir les recherches pour expliquer ces différences d'un foyer à l'autre. Dans le cadre de son étude, l'Observatoire a recueilli d'autres données, à la fois sur les caractéristiques des bâtiments et sur les modes de vie des habitants. En cours de traitement, les résultats devraient permettre de déterminer quels types de bâtiments, d'achats et d'habitudes de vie favorisent davantage la pollution domestique.

Une réglementation balbutiante

Comme nous l'avons vu dans l'inventaire des sources de polluants, seulement un petit nombre de produits est réglementé. L'Etat commence à prendre la mesure du problème et a mis en place un Plan National santé environnement pour la période 2004-2008. En 2001, a été crée l'Observatoire de la qualité de l'air intérieur, chargé de produire et rassembler des connaissances qui serviront à l'élaboration de politiques publiques. Au niveau européen, une directive de 1999 a permis de réduire les émissions de COV dues aux solvants organiques dans les pressings, imprimeries, cabines de peinture de garages. Une autre, datée de 2000, a limité la concentration de benzène dans l'air ambiant. Deux autres directives sont en cours de mise en oeuvre en France : l'une relative à la mise sur le marché des biocides, l'autre destinée à réduire les solvants organiques dans les peintures et vernis.

Certains éthers de glycol classés toxiques pour la reproduction sont interdits dans les produits de consommation courante, mais pas tous. De même, si le radon bénéficie d'une réglementation en France, elle ne concerne que les lieux ouverts au public. Quant au formaldéhyde, il est toujours considéré comme cancérogène potentiel et non certain dans la réglementation européenne. La France a présenté une demande de reclassification en novembre 2005, l'avis devrait être rendu courant 2007. Alors qu'un ensemble de valeurs guides à caractère réglementaire est disponible pour l'environnement extérieur, ce champ est quasiment vierge pour l'air intérieur !
On le voit, la réglementation n'est que balbutiante, et les délais de mise en oeuvre très longs ! Ajoutons à cela la puissance du lobby de la chimie industrielle... En effet, après huit ans de débats, les députés ont adopté le programme REACH (enregistrement, évaluation et autorisation des substances chimiques) en décembre 2006. Suite au lobbying de cette filière, la version adoptée est très édulcorée par rapport au projet initial. Néanmoins, REACH représente une avancée notable.

Ce nouveau système de réglementation prévoit que soient analysées les 30 000 substances chimiques commercialisées en grande quantité en Europe, afin de connaître réellement leurs effets sur la santé et l'environnement. Cependant, ces 30 000 substances ne sont pas toutes logées à la même enseigne et des données complètes ne seront exigées que sur une partie. Ce sera aux entreprises et non plus aux autorités ou aux associations de victimes de prouver l'innocuité des produits. Les substances les plus dangereuses comme les CMR (cancérogènes, mutagènes, toxiques pour la reproduction) ou les PBT (persistantes, bioaccumulables et toxiques) ne pourront être commercialisées sans autorisation. Pour certaines substances seulement, il est prévu un principe de substitution, mais uniquement si le fabricant lui-même identifie une alternative. Enfin, le consommateur bénéfice d'un nouveau droit : il pourra obtenir de l'entreprise la liste des ingrédients extrêmement préoccupants de ses biens de consommation (mais rien de plus sur l'étiquette). Conclusion : REACH est une petite révolution mais n'empêchera pas des molécules très toxiques de se retrouver dans nos produits.

Les sources de pollution

Composés Organiques Volatils

Famille	Polluant / toxique de l'air intérieur	Sources de pollution de l'air intérieur	Réglementation
Aldéhydes	Formaldéhyde (=formol)	Fumée de tabac Produits ménagers Cosmétiques (conservateurs, stabilisants) Colles et bois agglomérés (panneaux de particules) Peintures Photocopieurs Textiles	Classé cancérogène certain, son utilisation est réglementée dans les cosmétiques et produits d'hygiène.
Éthers de glycol	EGBE, EGBEA, 2PG1ME, 2PG1MEA...	Produits ménagers Cosmétiques Désodorisants Feutres, marqueurs, encres Colles et peintures en phase aqueuse	Quatre éthers de glycol sont interdits depuis 1998 mais d'autres classés toxiques probables pour la reproduction, devraient disparaître des produits domestiques.
Hydrocarbure aromatique	Benzène	Fumée de tabac Circulation automobile Peintures, vernis, encres, colles Matériaux de construction	Classé cancérogène certain pour l'homme, son utilisation est réglementée (pas plus de 0,1% du poids du solvant).
Hydrocarbure aromatique	Toluène	Produits ménagers Peintures à phase solvant Colles, vernis, encres moquettes et tapis, vapeur d'essence	

Famille	Polluant / toxique de l'air intérieur	Sources de pollution de l'air intérieur	Réglementation
Hydrocarbure aromatique	Xylène	Peintures à phase solvant Colles et vernis Insecticides	
Hydrocarbure aromatique	Styrène	Peintures à phase solvant Polystyrène Circulation automobile Fumée de tabac	
Hydrocarbures halogénés	Trichloréthylène	Produits ménagers (détachants) Peinture à phase solvant Colles et vernis	Classé cancérogène probable pour l'homme (2A)
Hydrocarbures halogénés	Paradichlorobenzène	Anti-mites Désodorisants Désinfectants	Classé cancérogène possible pour l'homme (2B)
Hydrocarbures halogénés	Chlorure de vinyle monomère	PVC	Le monomère est classé cancérogène certain mais pas sous forme polymère comme dans le PVC
Alcools		Colles et peintures Désodorisants Produits ménagers	
Cétones	Acétone	Colles et peintures en phase solvant Isolants Textiles	
Isocyanates		Colles polyuréthane et néoprène Isolants Rembourrages	

La classification cancérogène est établie par le CIRC (Centre International de recherche contre le cancer)

Pesticides domestiques / biocides

Famille	Polluant / toxique de l'air intérieur	Sources de pollution de l'air intérieur	Classement et réglementation
	PCP (Pentachlorophénol)	Produits de préservation du bois	Classé Cancérogène possible (2B), son utilisation est réglementée dans les produits destinés à la vente. Il est autorisé pour le bois de charpente recouvert de vernis.
Organochlorés	Lindane	Produit de préservation du bois Lotions anti-poux Insecticide domestique	Classé cancérogène possible (2B), il est interdit dans l'agriculture depuis 98, mais toujours utilisé dans certains produits.
Organochlorés	Endosulfan	Insecticide domestique et agricole	Interdit en France depuis 2006.
Organophosphorés	Dichlorvos, chloropyrifos,	Insecticides maison Anti-parasites animaux	Le dichlorvos est classé cancérogène possible (2B).
Sels métalliques	CCA (cuivre-chrome-arsenic)	Produit de traitement du bois	L'arsenic est classé cancérogène certain (groupe 1) et n'est plus utilisé dans l'habitat depuis peu.

Les produits de combustion

Polluant / toxique de l'air intérieur	Sources de pollution de l'air intérieur	Réglementation
Monoxyde de Carbone	Véhicules à moteur Centrales thermiques Fumée de tabac Appareils de chauffage (chaudières, cheminées, poêles..)	En cas de vente, obligation d'un état des installations de gaz naturel. Un renforcement de la réglementation est prévu.
Oxydes de soufre et d'azote	Appareils de chauffage par combustion Véhicules à moteur	
Particules	Fumée de tabac Appareils de chauffage par combustion Véhicules à moteur Cuisine	

Le classement des cancérogènes est établi par le CIRC (Centre International de recherche contre le cancer)

Autres polluants

Type de polluant	Polluant / toxique de l'air intérieur	Sources de pollution de l'air intérieur	Réglementation
Fibre	Amiante	Matériaux de construction, isolants Fours, convecteurs Textiles	Classé cancérogène certain depuis 1974. Flocage interdit depuis 1978, interdiction totale depuis 1997.
Contaminants biologiques	Moisissures, pollen, acariens...	Pièces où l'humidité et la température sont élevées, Présence de tapis et textiles	
Gaz	Ozone	Circulation automobile Photocopieurs et imprimantes laser	
Gaz radioactif	Radon	Régions où la concentration est la plus élevée (› 150 bq/M3) : Limousin, Corse du sud, Doubs, Cantal, Loire, Haute Loire et Lozère.	Classé cancérogène certain pour l'homme (groupe 1). Réglementation pour les bâtiments recevant du public dans les départements à risques.
Métaux lourds	Plomb, cadmium	Fumée de tabac Stabilisants dans le PVC Plomb dans peintures blanches des maisons avant 1948.	Cancérogène certain, le cadmium est de moins en moins utilisé dans le PVC. Depuis 2006, les propriétaires doivent faire un Constat de risque d'exposition au plomb (CREP) pour la vente de logements anciens, et faire des travaux le cas échéant.

Type de polluant	Polluant / toxique de l'air intérieur	Sources de pollution de l'air intérieur	Réglementation
Phtalates	DEHP, DBP...	PVC Cosmétiques Produits ménagers Désodorisants	Une restriction a été imposée pour les articles pour enfants de 0 à 3 ans. Certains phtalates sont classés toxiques pour la reproduction, et interdits depuis peu dans les cosmétiques.
Gaz	Ammoniac	Élevages porcins, décharges Produits d'entretien Engrais Fumée de tabac	

Le classement des cancérogènes est établi par le CIRC (Centre International de recherche contre le cancer)

Bibliographie

Livres

Guide de l'habitat sain, Drs Suzanne et Pierre Déoux, éditions Médieco, 2004.
Nos maisons nous empoisonnent - guide pratique de l'air pur chez soi, Georges Méar, éditions Terre Vivante.

Etudes et rapports téléchargeables

Greenpeace : *Rapport d'analyse Produits chimiques dans le domaine des soins personnels 2005 ; Consommation toxique - Rapport d'analyse sur des poussières domestiques collectées dans une centaine de logements européens 2003 ; Guide « Cosmetox » ; Toxiques à domicile : guide interactif des produits domestiques avec ou sans toxiques.* www.greenpeace.org/france/vigitox/

Inserm : *Présentation de l'expertise effets sur la santé des fibres de substitution à l'amiante.* www.inserm.fr

Ministère de la santé : *Présentation du Plan National Santé Environnement 2004-2008.* www.sante.gouv.fr/htm/dossiers/pnse/sommaire.htm

Observatoire de la qualité de l'air intérieur : *Premier état national de la qualité de l'air dans les logements, 2006.* www.air-interieur.org/

Sénat : *Rapport d'information n=° 37 (2005-2006) fait au nom de la mission commune d'information sur le bilan et les conséquences de la contamination par l'amiante.* www.senat.fr

Sites internet

Association Nationale des victimes de l'amiante : *http://andeva.free.fr*
Centre international de recherche contre le cancer : *www.iarc.fr/*
Centre scientifique et technique du bâtiment : *www.cstb.fr*
Commission de recherche et d'informations indépendantes sur la radioactivité : *www.criirad.org*
Le grand ménage, blog de Raffa, spécialiste du ménage au naturel : http://raffa.over-blog.com
Observatoire de la qualité de l'air intérieur : www.air-interieur.org/
Société française de chimie : *www.sfc.fr/*
Syndicat des producteurs de matières plastiques : *www.lesplastiques.com*
Syndicat National des fabricants d'isolants en laines minérales manufacturées : *www.filmm.fr*
Union Fédérale des consommateurs - Que choisir : *www.quechoisir.org/*
Vigitox / Greenpeace : *www.greenpeace.org/france/vigitox/*

La dépollution par les plantes

Principe

par Marie Dominique Guihard

Historique

Pour dépolluer nos intérieurs, une solution simple s'offre à nous grâce aux plantes ornementales. Des travaux scientifiques démarrés dans les années 70 ont démontré l'intérêt d'utiliser des végétaux pour diminuer, voire éliminer, les nombreux composés toxiques et pathogènes présents dans l'air ambiant.

L'idée n'allait pas de soi. Les voyages dans l'espace et l'étude de la qualité de l'air dans les engins spatiaux habités aux Etats-Unis ont servi de déclic. En 1974, Bill Wolverton, étudiant spécialisé en sciences de l'environnement est embauché par la Nasa[1]. Il est chargé d'analyser l'air ambiant des navettes spatiales et de développer des moyens pour se prémunir des produits toxiques et des pathogènes. La Nasa s'intéresse déjà à ces questions depuis 1950. A l'époque il s'agit surtout d'évaluer la capacité de piégeage des polluants les plus courants dans l'atmosphère par certaines plantes. En toute logique, ces travaux conduisent le chercheur américain à s'intéresser aux habitations et aux bâtiments publics.

L'organisme de recherche détecte à l'époque 107 COV (composants organiques volatils) dans les enceintes spatiales. En 1989, 900 COV ont été décelés dans les bâtiments publics.

La première étude publiée par la Nasa démontrant l'intérêt des plantes d'ornement comme dépolluants dans un milieu confiné remonte à 1984. En 1989, elle construit un bâtiment composé de panneaux en matériaux synthétiques et fibres de verre et hermétique à l'air extérieur. Ce «Biohome»[2] comprend un niveau élevé en COV. 15 plantes types en pot sont introduits dans l'enceinte. Grâce à des analyses de l'air avec du matériel sophistiqué comme la spectrométrie de masse et la chromatographie, il est démontré que les filtres végétaux agissent de façon efficace

[1] *(National Aeronautics and Space Administration)*

[2] *Home en anglais signifie maison*

pour diminuer et même supprimer complètement certains polluants. La présence prolongée d'un étudiant dans le «Biohome» a même permis de vérifier que le syndrome «des bâtiments malsains» dont étaient victimes ceux qui restaient dans l'enceinte avant l'introduction des plantes était annihilé.

Pour faire connaître les travaux du docteur Bill Wolverton auprès du grand public, les Etats-Unis créent en 1989 Clean Air Council, un organisme de communication. Les détails des expériences du premier spécialiste de la dépollution de l'air par les plantes pour le grand public sont réunis dans un ouvrage anglais non traduit en français «How to grow Fresh air» Penquin Books, 1996.

En même temps que démarrent les travaux de Wolverton aux USA en enceinte confinée, l'Inde, la Corée et l'université de Turin en Italie étudient le rôle des végétaux dans l'épuration de l'air des villes. L'université de Californie établira la première liste de végétaux épurateurs, aujourd'hui composée de 140 espèces.

Mais il faut attendre 1991 pour que des tests similaires à ceux de Wolverton soient repris hors des Etats-Unis. Le Canada emboîte le pas avec la création de la maison Novtec à Sainte-Honorée dans la banlieue de Montréal. Et 5 ans après la première publication américaine, en 1992, Jan Roy, directeur de Plants for Clean Air Council intervient pour la première fois en Europe, aux Pays-Bas pour faire part des résultats des essais expérimentaux de Bill Wolverton. Au même moment, Geneviève Chaudet, paysagiste d'intérieur, exerçant en Maine-et-Loire, s'intéresse elle aussi aux travaux américains. Deux ans plus tard, en France, le syndicat national des paysagistes d'intérieur (SNPI) souhaite s'investir dans ce domaine. En collaboration avec les professionnels de l'horticulture, qui y voient un certain intérêt pour relancer la commercialisation de ce type de plantes, Geneviève Chaudet crée l'association Plant'airpur en 2000.
En 1999, le Français Thierry Jacquet crée le premier **jardin filtrant**, concept de filtre végétalisé capable de traiter l'air vicié à l'intérieur ou à l'extérieur des bâtiments.

L'association Plant'airpur

Association de Loi 1901, Plant'airpur, a pour but de promouvoir «l'utilisation de plantes d'intérieur dans la vie quotidienne, personnelle ou professionnelle comme ayant un rôle déterminant dans la qualité de l'environnement et d'aider à la recherche sur la bio-pollution.» Cette association composée aujourd'hui de 80 adhérents comprend des professionnels de l'horticulture, des représentants de la commercialisation horticole, des architectes, des spécialistes de la santé et de l'environnement, de la formation et des scientifiques spécialistes de la pollution de l'air et du végétal. Elle a permis d'amorcer et de soutenir le programme de recherche **Phytair (voir page 55)**.

Le principe

Comprendre comment des plantes peuvent dépolluer l'air ambiant revient à étudier leur mécanisme physiologique. Comme nous, elles respirent en absorbant de l'oxygène de l'air et en rejetant du gaz carbonique et des vapeurs d'eau. Comme nous, elles se nourrissent mais en puisant des éléments nutritifs minéraux grâce à leurs racines. Mais contrairement à nous, elles sont capables d'utiliser directement l'énergie solaire pour produire des composés organiques, des glucides et de l'oxygène en captant le gaz carbonique de l'air. Ces échanges gazeux avec l'air ambiant sont possibles grâce aux stomates, organes spécifiques microscopiques placés le plus souvent à la face inférieure des feuilles pour éviter une trop grande évaporation.

L'oxygène, le gaz carbonique et les vapeurs d'eau transitent donc par ces stomates. Ce n'est pas encore démontré mais les scientifiques émettent l'hypothèse que les polluants tels que les composés volatils organiques (COV) puissent être absorbés eux aussi par les ***stomates****. Ils seraient métabolisés c'est-à-dire dégradés au sein de la plante. Des chercheurs allemands, dont les travaux ont été publiés en 1995, ont pu suivre la dégradation du* ***formaldéhyde*** *au sein de Chlorophytum comosum grâce au carbone 14 radioactif. Ce polluant toxique était métabolisé en acides organiques, acides aminés et sucres. En revanche, la métabolisation du* *monoxyde de carbone (CO) n'est pas encore connue. Et il n'est pas sûr qu'elle suive les mêmes processus que le gaz carbonique (CO2), l'un des principaux éléments dont la plante a besoin pour se développer.*

Des expérimentations australiennes ont également montré **l'importance du substrat** dans la dépollution de l'air par ces plantes. Après avoir observé l'élimination des polluants par des plantes cultivées en pot, les chercheurs australiens ont retiré les plantes de leur support et soumis uniquement le terreau dans lequel elles avaient poussé à des doses de COV. Et ces derniers ont continué à disparaître de la même façon. Les chercheurs en ont conclu que les **micro-organismes** tels que les bactéries *Pseudomonas* contenues dans le terreau seraient des agents efficaces d'élimination des polluants. Parallèlement, les australiens ont montré que des plantes cultivées dans une solution nutritive, dont les racines ont été nettoyées de la présence de microorganismes, gardent leurs propriétés de dépolluants dans de nombreux cas. Mais pas toujours. Les différences d'efficacité obtenues incitent les spécialistes à penser qu'elles dépendent des relations plus ou moins fortes entre plantes et micro-organismes. Enfin, une dernière expérimentation a montré que des terreaux n'ayant jamais été en contact avec des plantes avaient un très faible pouvoir d'élimination des COV.

La nature des **micro-organismes** et la relation qu'ils établissent avec la plante sont donc primordiales pour dépolluer l'air. La **symbiose** entre micro-organismes et plantes est connue de longue date par les chercheurs. La plus notoire est celle des bactéries type *rhizobium* qui prélèvent l'azote de l'atmosphère, le transforment en nitrate et le restituent aux plantes vertes (en général des légumineuses) qui en ont besoin pour leur croissance. De même, des micro-organismes qui vivent en symbiose en pénétrant plus ou moins dans les cellules racinaires des plantes, digèrent les polluants absorbés et les transforment en éléments nutritifs pour la plante. On peut supposer dans ce cas de figure que si les échanges entre l'atmosphère et la plante sont intenses, l'activité métabolique des plantes sera elle aussi efficace et les micro-organismes mettront à disposition davantage d'éléments nutritifs. La dégradation des polluants en sera d'autant plus rapide. Pour optimiser au mieux cette activité métabolique, la plante a des besoins en eau et en lumière adaptés. En toute logique, **une plante qui dispose d'un feuillage important** et qui transpire abondamment a de fortes chances d'avoir de bonnes capacités dépolluantes. Ce sont par exemple les **fougères**, le **lierre** ou encore **certains ficus**. Avec des plantes type cactées, adaptées aux conditions désertiques qui savent limiter au maximum les échanges avec l'air ambiant, la dépollution sera plus faible.

Les recherches scientifiques

Les polluants organiques

A l'américain Wolverton revient le plus grand nombre de travaux sur l'élimination des polluants de l'air par des plantes d'intérieur. Il a testé 50 plantes et mesuré leur faculté à absorber différents polluants organiques comme le formaldéhyde, le toluène et xylène, l'ammoniac, le benzène et le trichloréthylène. Les résultats américains firent apparaître des abattements dans les concentrations de polluants de 10 à 70% avec les plantes et seulement de 2,8 % à 10 % sans les plantes.

Aujourd'hui, des scientifiques de nombreux pays ont repris ces expérimentations avec des résultats plus ou moins probants, ce qui suscite quelques polémiques aux Etats-Unis. Les allemands, anglais, norvégiens, hollandais s'y sont investis comme le Canada, l'Australie, le Chili, le Japon, la Russie et aussi la Chine. L'un des derniers travaux publiés à ce sujet, début 2007, concerne justement ce pays asiatique qui a passé en revue 73 plantes et a retenu les 10 plus efficaces.

En France, le programme Phytair a démarré en 2003. Il est réalisé par le CSTB (Centre scientifique et technique du bâtiment) et la Faculté de Pharmacie de Lille en partenariat avec l'association Plant'airpur, l'Ademe (Agence de l'environnement et de la maîtrise de l'énergie), les régions Pays de Loire et Nord-Pas-de-Calais. Les résultats seront publiés courant 2007.

Les chercheurs français ont décidé de reprendre les travaux de la Nasa pour à la fois **trouver une méthode** qui permette de comparer les différentes expériences effectuées dans le monde, et pour mieux appréhender comment un polluant peut être digéré et métabolisé par la plante. En 20 ans, les outils expérimentaux se sont perfectionnés et il est possible aujourd'hui d'étudier à l'échelle cellulaire ce que Wolverton avait observé. Des études plus fines permettent aussi de diminuer la concentration de départ des polluants dans les enceintes expérimentales de façon à se rapprocher des conditions réelles.

L'expérimentation française repose sur l'étude de 3 polluants : le **toluène**, le **monoxyde de carbone** et le **formaldéhyde**. Trois plantes servent de cobayes : *Chlorophytum comosum, Dracaena marginata et Scindapsus aureus*. Les différentes parties de la plante sont étudiées ainsi que le substrat. La concentration en polluant de l'air de l'enceinte est mesurée toutes les 5 minutes par prélèvement d'un échantillon de gaz. Ce dernier est analysé par spectroscopie à infrarouge.

Les expériences françaises confirment les résultats américains à savoir une diminution de la concentration en polluant par les 3 végétaux étudiés. Cette baisse est d'abord lente pendant les 24 heures qui suivent le début de l'exposition puis elle s'accélère les 48 heures suivantes. Les australiens ont montré que cette phase d'adaptation de la plante était de 1 à 2 jours pour le benzène et de 4 à 5 jours pour le n-hexane, un hydrocarbure utilisé comme solvant. Ces recherches montrent bien que les plantes s'adaptent progressivement aux polluants. Elles ne sont donc pas capables de réagir rapidement face à une **pollution importante** et très toxique comme par exemple le **monoxyde de carbone**. D'autres mesures radicales sont à prendre dans ce cas, comme l'aération de la pièce, l'évacuation du personnel et l'appel des équipes de secours. En revanche les plantes peuvent réduire de façon efficace des diffusions faibles mais dommageables à long terme pour la santé.
Des **différences d'efficacité** existent entre espèces, les essais l'ont amplement démontré. La diminution de la concentration en polluant ramenée à l'unité de surface foliaire n'est pas la même d'une espèce à l'autre. La vitesse d'élimination des polluants diffère également pour une plante donnée. Ainsi, selon les travaux de Wolverton, le spathiphyllum absorbe 19µg par heure d'acétone contre 1µg par heure de xylène. Il élimine ainsi près de 4 fois plus d'acétone que d'ammoniac.

Au niveau cellulaire, les travaux français montrent que le polluant provoquerait un **stress**, ce qui n'est évidemment pas visible à notre échelle. Aujourd'hui, les chercheurs s'interrogent sur la capacité de ces plantes à dépasser ce stress et à réparer éventuellement les dommages occasionnés par l'introduction du polluant.

Le nombre de plantes nécessaires

La **quantité de plantes** nécessaires pour assurer une dépollution efficace a été l'une des premières investigations américaines. A titre d'exemple, aux Etats-Unis, les bureaux contiennent en moyenne 0.173 µg par litre de **formaldéhyde** (0.106 µg par litre pour les hôpitaux et 1.081 µg par litre pour les crèches). Une pièce moyenne de 9.3 m2 et 2.4 mètres de hauteur comprend donc 3.917 µg de formaldéhyde. Une fougère comme *Nephrolepsis exaltata* est capable d'éliminer 1863 µg de formaldéhyde par heure. Il est donc nécessaire de mettre 2 plantes dans cette petite enceinte. En France, les données moyennes concernant le formaldéhyde varient de 2.8 à 47.3 µg/m^3. Avec le palmier bambou qui est capable d'éliminer 76µg/m^3, cela se traduit par 2.5 à 43 plantes nécessaires selon le niveau de contamination. Imaginez 43 palmiers bambou dans votre pièce ! Impossible ! C'est pourquoi des entreprises comme Phytorestore ont imaginé des murs végétaux à air renforcé. Avec 1m^2 de mur végétal, il est possible de dépolluer 1 m^3 d'air à l'heure. Mais comme le souligne la société Phytorestore spécialisée dans les murs végétaux, la plante doit nécessairement bénéficier des meilleures conditions de culture, spécifiques à chacune d'entre elles. Les besoins en lumière et en eau sont primordiaux.
Les spécialistes comme Phytorestore estiment qu'une plante a les capacités d'agir dans un rayon compris entre 0.5 et 1 m^3 d'air selon l'espèce et sa taille.

L'effet des plantes sur les autres toxiques

Les plantes n'agissent pas uniquement sur les COV. Elles ont également un effet bénéfique sur d'autres toxiques comme les biogéniques c'est-à-dire sur les rejets d'origine humaine susceptibles d'être détectés dans un lieu d'habitation et de travail. Il s'agit principalement de l'acétone, de l'alcool méthylique, de l'alcool éthylique et l'acétate d'éthyl. Selon les travaux américains, les plantes comme le spathyphyllum qui a servi de référence, éliminent efficacement ces polluants.

Il existe de nombreux toxiques mesurés dans l'atmosphère intérieure de nos habitations mais ils sont la plupart du temps présents en quantités infinitésimales comme les **pesticides** et les **métaux lourds**. A notre connaissance, aucun laboratoire n'a travaillé sur le rôle que pourraient avoir les plantes sur ces éléments. Néanmoins, la dépollution des sols fortement chargés en métaux lourds par des plantes comme les carex s'avère très efficace. Ces polluants sont absorbés par leurs racines. Ce qui n'est d'aucune utilité pour limiter la pollution de l'air intérieur. Mais il a été montré que toute la plante elle-même était capable d'absorber les métaux lourds mais en quantité beaucoup plus faible et à condition qu'ils soient à l'état gazeux comme le mercure. Quant aux pesticides, leur digestion par les plantes dépend elle aussi de son état gazeux et d'autres facteurs comme leur masse molaire. Au-delà de 600, les molécules pénètrent difficilement dans le végétal. En moyenne, la masse molaire des pesticides tourne autour de 300.

Les autres effets bénéfiques

La faculté des plantes à **transpirer** et donc à rejeter de la vapeur d'eau dans l'atmosphère a de nombreux effets bénéfiques. En maintenant une certaine **humidité**, elles diminuent des problèmes mineurs de santé comme certaines gênes respiratoires et des irritations de la peau. En mesurant les niveaux d'humidité et de lumière de 94 bureaux concernant 139 employés, le chercheur allemand Engelbert Kötter a montré l'effet bénéfique de certaines plantes comme le Spathiphyllum, la Violette du Cap, l'Epiprum et le Ficus pumila. Avec un niveau d'humidité qui augmente de 2 à 5 %, le chercheur, en s'appuyant sur les résultats d'un questionnaire, en a conclu que les plantes amélioraient la perception qu'ont les employés de leur **bien-être** tout en augmentant le confort des bureaux. Wolverton avait déjà travaillé le sujet dans les années 80 en mesurant le taux d'humidité et le taux de microbes dans l'enceinte expérimentale. En présence des plantes, le taux de microbes dans l'air a été divisé par trois.

D'autres études vont dans le même sens. Aux Etats-Unis, Virginia Lohr a mesuré le **stress** d'opérateurs travaillant sur ordinateur en surveillant la vitesse de leurs pouls, la pression artérielle ou encore la conductibilité de la peau. La chercheuse a montré que ces indicateurs de stress revenaient plus rapidement à la normale en présence des plantes. La productivité des salariés s'est même accrue de 12 %. Le professeur norvégien Tøve Fjeld de la Faculté d'agronomie d'Oslo, dont les travaux ont duré 2 ans, arrive à la même conclusion. Il a établi que les plaintes portant sur des troubles mineurs diminuaient une fois que des plantes étaient introduites dans les bureaux. La fatigue a diminué de 20 %, les maux de tête et les maux de gorge et gorge sèche de 30 %. Grâce aux plantes, le service de rayon X de l'hôpital radiologique d'Oslo a vu l'absence au travail passer de 15.85 à 5.55 % avec l'avantage supplémentaire d'annuler les **odeurs** de produits chimiques rendant le lieu de travail plus sain pour les personnes qui y travaillent.

Se protéger du **bruit** grâce aux plantes. Au début des années 90, des scientifiques anglais ont montré ce que l'on pouvait pressentir : les plantes peuvent atténuer les nuisances sonores. Elles ont plus d'effet sur les hautes fréquences, la pollution acoustique la plus fréquente. Le type de plantes, leur taille, leur forme, le container, le terreau lui-même et leur agencement jouent inévitablement comme facteur de réduction des flux sonores. L'effet sera d'autant plus positif que l'espace sera en marbre et non moquetté, que les feuilles seront larges pour disperser les hautes fréquences vers d'autres surfaces qui absorberont elles mêmes le bruit, que les plantes seront grandes, regroupées et non isolées dans des coins et non au centre de la pièce.

Les plantes ont-elles un impact négatif ?

Certaines plantes sont **allergisantes** pour l'homme et les animaux. Mais des études finlandaises concluent que «*des plantes d'intérieur bien soignées ne constituent pas une source significative de micro-organismes*». Le pollen de cyclamen par exemple n'a jamais été détecté dans les locaux observés durant l'expérimentation qui a duré 12 mois.

De nombreux travaux japonais ont montré que les plantes, si elles étaient capables de dépolluer l'atmosphère, pouvaient aussi **rejeter** des composés organiques volatils dangereux pour la santé comme l'isoprène et le monoterpène. Rassurez-vous, les plantes concernées ne séjournent pas en principe dans nos lieux d'habitations. Ce sont les conifères comme les pins, les ifs ou les cyprès, arbres qui dégagent très souvent des essences parfumées.
Les plantes rejettent du **gaz carbonique**, élément toxique pour l'homme quand il dépasse environ plus de 4 % de l'air. En moyenne l'air en contient 0.03 %. Nos grands-mères avaient l'habitude de dire qu'il ne fallait pas dormir dans une chambre où séjournaient des plantes de peur d'être intoxiqué. Cette précaution semble inutile, le rejet de gaz carbonique par les plantes étant infime et bien inférieur au seuil de toxicité.

Les perspectives françaises

L'association française Plant'airpur projette de financer plusieurs projets. Le premier vise à mieux **connaître les micro-organismes** associés aux plantes et aux supports dans le processus de dégradation des polluants COV. Ainsi les horticulteurs pourront-ils développer un concept variétés/terreau les mieux adaptés et imaginer des systèmes aux capacités de purification de l'air renforcées. Préciser les indices de performances de chaque espèce, leurs spécificités et contribuer à les améliorer seront les thèmes abordés en collaboration avec des chercheurs australiens.

Les murs végétaux

Plusieurs sociétés spécialisées dans la dépollution comme Phytorestore en France ou Air Quality Solutions Ltd. en Angleterre proposent des murs végétaux en appliquant les principes découverts par Wolverton. Le Jardin filtrant® du journal Le Monde ou encore celui du restaurant Naked à Paris illustrent les réalisations possibles dans ce domaine. Placés à l'extérieur ou à l'intérieur des habitations, ces murs végétaux diffèrent selon qu'ils sont passifs ou actifs.

Les **murs passifs** constituent une surface plantée de plantes dépolluantes choisies en fonction des composés organiques volatils détectés par un appareil de mesure. Le nombre de plantes nécessaires est calculé selon une méthode adaptée des travaux de Wolverton. Tous les polluants de l'air sont pris en compte, les poussières, les germes, le CO2 et le pic d'ozone, bien que pour ce dernier, les plantes efficaces soient rares. Dans le système Phytorestore, les plantes sont irriguées automatiquement et éclairées à la lumière blanche selon leurs besoins.
Les **murs actifs** à air forcé, beaucoup plus efficaces que les murs passifs, consistent à extraire l'air pollué d'une pièce pour le faire passer dans un substrat planté pour pouvoir bénéficier des effets épurateurs dus aux racines et à la rhizosphère. Un système d'extraction d'air équivalent à celui que l'on trouve dans une cuisine ou une salle de bain dont la puissance varie de 80 à 320 m^3/heure est installé au sein du dispositif pour canaliser l'air de la pièce vers le mur. Ces jardins filtrants à air sont des ouvrages composés d'un filtre planté constitué d'un lit de matière organique fixatrice surmontée d'une plantation superficielle de plantes adaptées, parfois jusqu'à 70 espèces explique Phytorestore. La dimension du mur est approximativement de 1m2 pour 50 m^3/heure à condition que le mur fasse plus de 0,25 m d'épaisseur.
Les polluants sont soit biodégradés, soit piégés et séquestrés dans le substrat de plantation sous des formes non « biodisponibles » et donc non toxiques. Les plantes sont choisies en fonction de leur rôle de fixation du carbone dans la photosynthèse et de leur capacité à biodégrader les gaz à effet de serre, dioxyde d'azote (NO2) et monoxyde de carbone (CO). La végétalisation de la pièce, non seulement élimine les polluants mais permet d'économiser des frais de climatisation et de chauffage. Elle réduit les nuisances sonores, de l'ordre de 25 décibels en moyenne.

Les spécialistes

Les plantes qui décomposent bien le formaldéhyde :

- Aloe barbadensis
- Chlorophytum elatum
- Philodendron selloum
- Dradaena fragrans 'Massangeana'
- Epipremnum aureus
- Syngonium podophyllum
- Chrysanthemum morifolium
- Gerbera jamesonii'(en pot)
- Dracaena deremensis 'Warneckii'

Les plantes qui décomposent bien le benzol :

- Hedera helix
- Spathiphyllum
- Dradaena marginata
- Epipremnum aureus
- Dracaena deremensis 'Warneckii'
- Sansevieria trifasciata
- Aglaonema modestum

Les plantes qui décomposent bien le trichloréthylène :

- Spathiphyllum
- Dracaena deremensis 'Warneckii'
- Dracaena deremensis 'Janet Graig'
- Dradaena marginata
- Sansevieria trifasciata
- Hedera helix

Les plantes qui décomposent bien le dioxyde de charbon :

- Chlorophytum elatum
- Epipremnum aureus

Source : Plant for people

Simulation pour un habitat

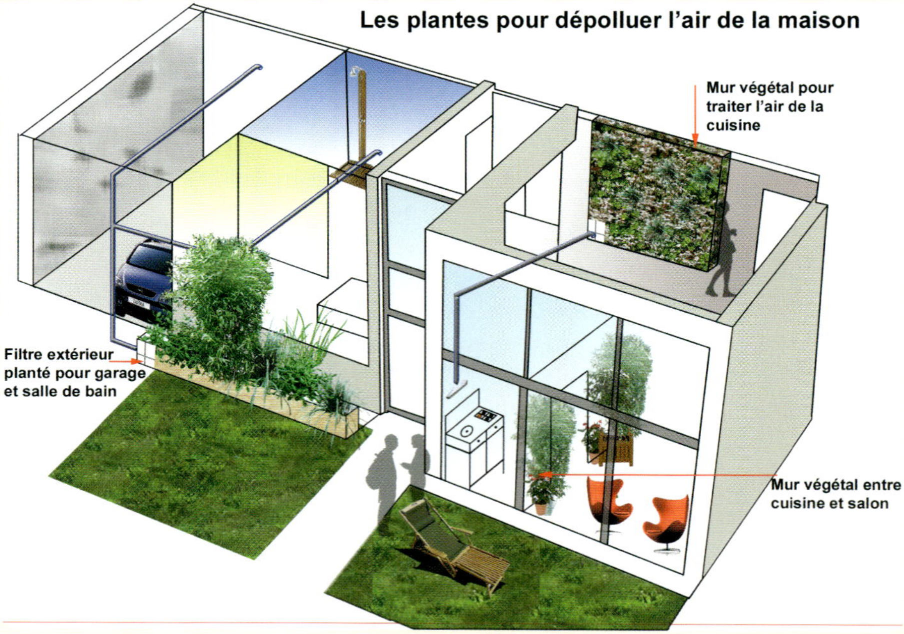

Source Phytorestore

Créée en 2004, la société Phytorestore s'appuie sur le pouvoir des plantes pour traiter les pollutions. Elle défend le concept des Jardins Filtrants® pour dépolluer l'eau, les sols et l'air.
Dans ce dernier cas, la technique peut être réalisée en extérieur ou intérieur, par exemple au-dessus des grilles d'évacuation d'air des parkings souterrains, ou dans un espace intérieur public (cafétéria, hall de magasin,...). Cela consiste à extraire l'air vicié et le forcer à traverser un support (sable, tourbe, pouzzolane) sur lequel sont plantes des végétaux choisis pour leurs capacités épuratoires. «Il s'agit bien d'un jardin vivant, explique son directeur Thierry Jacquet, urbaniste. La rhizophère, partie du substrat où se développent les racines des plantes et qui est très riche en micro-organismes, se révèle capable de dégrader un certain nombre de polluants. L'air restitué est véritablement assaini».
Il existe un autre effet des plantes, disposées en alignement, un effet, cette fois, purement passif, dit de barrage. «Il permet de faire écran à la diffusion de polluants, par exemple entre une pièce génératrice de composés organiques volatils (telle une cuisine) et un séjour, précise encore Thierry Jacquet, mais il ne remplace pas une hotte aspirante ou une VMC (ventilation mécanique forcée). Disposée, près d'une fenêtre, cette barrière végétale évite que la pollution extérieure (benzène, ozone,)...ne fasse une intrusion dans l'espace intérieur. Un autre intérêt des plantes est de restaurer un certain taux d'humidité dans l'atmosphère. Inutile donc d'en cultiver dans les salles de bain généralement bien pourvues dans ce domaine !
«Renaturer» l'espace urbain, telle est la philosophie de Phytorestore.
Un pari qui trouve de plus en plus d'échos chez les décideurs.

L'efficacité des plantes d'intérieur

Caoutchouc, Ficus elastica	9
Chrysanthème, Chrysanthemum morifolium	9
Ficus robusta	9
Fougère, Nephrolepsis exaltata	9
Gerbera jamesonii	9
Lierre, Hedera Helix	9
Palmier bambou, Chamaedorea seifrizi	9
Phoenix Roebelenii	9
Areca, Dypsis lutescens	8
Dracaena fragans	8
Dracaena deremensis'Janet Craig'	8
Ficus benjamina	8
Schefflera, Brassaia actinophylla	8
Spathiphyllum	8
Dieffenbachia 'exotica compacta'	7
Figuier à feuilles de sabre, Ficus maclellandii 'Alii'	7
Rhapis excelsa	7
Azalée, Rhododendron simsii	6
Chlorophytum comosum	6
Dracaena marginata	6
Dracaena warneckei	6
Philodendron 'Red Emerald'	6
Dieffenbachia camilla	5
Calathéa makoyana	5
Pothos, Scindpasus aureus	5
Aglaonema crispum	4
Cissus Rhombifolia	4

Palmier nain, Chamaedorea elegans	**4**
Philodendron scandens	**4**
Syngonium podophyllum	**4**
Anthurium andraeanum	**3**
Cactée (Schlumbergera bridgetii, S. rhipsalidopsis	**3**
Croton, Codiaeum variegatum pictum	**3**
Cyclamen persicum	**3**
Maranta leuconeura 'Kerchoveana'	**3**
Philodendron selloum	**3**
Poinsettia, Euphorbia pulcherrima	**3**
Sanseviera trifasciata	**3**
Aloes vera	**2**
Pin de Norfolk, Araucaria heterophylla	**2**

Commentaire : l'efficacité des plantes inscrites ci-dessus est basée sur les résultats d'expérimentation de Bill Wolverton qui a noté les espèces selon une échelle qui compte 10 points. Ces expérimentations n'ont pas été réalisées en conditions réelles de la vie quotidienne mais dans une enceinte étanche.

Ces plantes qui dépolluent

par Marie Dominique Guihard

La plupart des plantes ont sans doute un effet sur les polluants qui encombrent l'atmosphère de nos lieux d'habitation et de travail. Depuis les années 80 et les travaux américains, nous savons que certaines sont plus efficaces que d'autres. Les espèces ou les variétés que nous vous présentons ici ont été choisies par l'association Plant'Airpur. Etudiées par la Nasa aux USA, elles sont parmi les plus efficaces et les mieux adaptées à nos régions.
Nous avons pris soin de reprendre les résultats américains à propos des composés organiques volatils (COV) avec le **niveau d'efficacité** observé pour chaque plante dans les conditions expérimentales réalisées au moment de ces travaux. Ils ne reflètent donc pas exactement les situations réelles de la vie quotidienne. De nombreux travaux sont encore nécessaires pour mieux connaître l'effet de ces plantes sur les polluants. Leur action a des limites, les scientifiques ne le nient pas. D'importantes pollutions au monoxyde de carbone ne peuvent se résoudre en installant des plantes dans la pièce polluée. D'autres mesures plus urgentes nécessitent d'être mises en place. Les plantes jouent un autre rôle, celui de piéger les pollutions diffuses. Et c'est déjà pas mal !

Aglaonema crispum
une efficacité honorable

Sur les 50 plantes d'intérieur étudiées par la Nasa pour leurs effets comme dépolluants de l'air ambiant, l'aglaonema, de son nom latin *Aglaonema crispum*, se classe honorablement à la 26ème place avec une absorption de 7 µg par heure de **formaldéhyde**. Elle fait aussi bien que l'azalée mais elle est moins efficace que l'areca et devance le pothos. Sa note globale d'efficacité est de 4 sur une échelle de 10. Son emplacement préféré se situe dans un endroit chaud sans courant d'air et éclairé modérément comme, pourquoi pas, dans des combles aménagés.

Origine : originaire du Sud-est asiatique, principalement de la Malaisie, elle a été introduite chez les horticulteurs en 1880. Ressemblant au dieffenbachia, elle a supplanté cette plante très toxique.

Facilité de culture : très facile, plante rustique

Ses exigences : l'aglaonema apprécie la chaleur. Elle est capable de se développer à faible luminosité.

Les gestes indispensables : il est recommandé de lui éviter les courants d'air.

Température minimum tolérée : 15°C

Rempotage : une fois par an, au printemps, le changement de terreau pour plantes vertes, très fibreux et léger, lui permet de garder toute sa luxuriance. Les fleurs sont à supprimer.

Arrosages : les apports d'eau sont modérés. En été, la plante exige moins d'un arrosage par semaine. L'eau ne doit pas stagner dans la coupelle. En hiver, les apports d'eau sont réduits au minimum.

Fertilisation : les spécialistes préconisent 2 à 3 apports nutritifs d'engrais pour plante verte durant l'été.

... L'astuce du professionnel

Plante très rustique, elle est réservée aux endroits peu adaptés aux autres plantes comme les cages d'escalier ou les entrées.

Pour retrouver une plante en forme :

- *les feuilles se couvrent de pustules blanches sur la face inférieure :* il s'agit sans doute de **cochenilles** farineuses.

- feuilles qui prennent un aspect grisonnant : **les araignées** sont susceptibles de provoquer de tels dégâts. Elles ne sont observables qu'à la loupe. Des bassinages répétés ou des vaporisations éliminent la plupart de ces parasites qui détestent l'eau.

- *feuilles tachées :* l'**eau d'arrosage** macule les feuilles et rend la plante inesthétique.

- *feuilles qui se détériorent rapidement :* un **champignon**, le botrytis peut être à l'origine de cet accident. Les feuilles touchées sont à enlever le plus rapidement possible et à brûler.

Autres vertus ou handicaps : appartenant à la famille des aracées, famille de plantes réputées toxiques, l'aglaonema est l'objet de controverse quant à sa toxicité vis-à-vis des animaux de compagnie. Pour certains, les graines uniquement provoqueraient des inflammations digestives et des troubles cardiaques. Chez l'homme, les spécialistes considèrent cette plante comme non toxique avec un pouvoir irritant.

L'Areca

le champion contre les solvants

Dypsis lutescens encore appelé Areca *lutescens ou Chrysalidocarpus lutescens* par les horticulteurs ou certains botanistes, figure parmi les plantes les plus intéressantes pour dépolluer l'air de l'intérieur de nos maisons. Noté 8 par le chercheur Wolverton sur une échelle qui en compte 10, ce palmier serait aussi efficace que le shefflera ou le spathiphyllum pour une dépollution globale. Il absorberait d'ailleurs autant de **formaldéhyde** que le spathiphyllum. Les travaux américains ont montré par ailleurs que la plante la plus efficace pour éliminer le **xylène** et le **toluène** était l'areca. Avec 19 µg par heure d'absorption, il figure au premier rang des 14 meilleures plantes dépolluantes pour ces solvants. Sa capacité serait au moins 2 fois plus importante que celle du spathiphyllum. Pour profiter au mieux de ses facultés, il peut être judicieux de le poser près d'un meuble fraîchement verni proche d'une fenêtre donnant plein sud mais éloigné d'une source de chaleur pour éviter le dessèchement de l'air.

Origine : l'areca de son nom latin *Dypsis lutescens* est originaire de Madagascar. Dans son lieu d'origine, ce palmier touffu aux feuilles vert pâle peut atteindre plus de 10 mètres de hauteur.

Facilité de culture : assez difficile

Ses exigences : plante tropicale, l'areca nécessite principalement de la luminosité et de l'humidité. Il est aussi nécessaire que le substrat soit bien drainé. Il ne supporte pas les excès d'eau.

Les gestes indispensables : la plante se développe dans une atmosphère toujours humide. C'est pourquoi, en condition sèche dans nos appartements chauffés, l'areca appréciera d'être vaporisé régulièrement.

Température minimum tolérée : 13 ° C
Température optimum : 18-22 °C
Température maximum : 27 °C

Rempotage : le changement de substrat à base de terreau pour plante verte s'effectue tous les 3 ou 4 ans quand les racines forment une masse compacte dans le pot.

Arrosages : en été, ce palmier demande au moins 2 arrosages par semaine. Le substrat doit être sec entre deux apports d'eau. En hiver, la fréquence des arrosages diminue d'autant plus que la luminosité faiblit.

Fertilisation : une fois par mois, il peut lui être donné de l'engrais liquide pour plante verte ou de l'engrais à libération lente à effet sur 3 ou 4 mois.

… L'astuce du professionnel

Pour lui donner un maximum de luminosité, il est conseillé de dépoussiérer le feuillage et d'enlever les feuilles fanées.

Pour retrouver une plante en forme :

- *la plante donne des signes de faiblesses, présence de taches brunes sur les feuilles et le pot est très humide :* un **excès d'eau** pourrait être responsable de cet accident. Très souvent il est trop tard pour y remédier, les racines sont déjà pourries.

- *les feuilles jaunissent :* l'**humidité de l'air** est sans doute insuffisante. Il faut enlever les feuilles abîmées. Des vaporisations et un nettoyage du feuillage redonneront une certaine luxuriance à la plante.

- *les feuilles ont un pourtour brun et se dessèchent :* il est fort possible que la plante réagisse à **un excès** d'éléments fertilisants. Plusieurs arrosages dilueront les minéraux nutritifs.

- *les feuilles ternissent et deviennent couleur argentée :* les **araignées** sont susceptibles de provoquer de tels dégâts. Elles sont favorisées par une atmosphère trop sèche.

- *les feuilles présentent des petites lésions argentées qui finissent par dessécher :* ce symptôme correspond certainement au développement d'insectes piqueurs de sève comme les **thrips**.

Autres vertus ou handicaps : aucune toxicité n'est signalée à propos de Dypsis.

L'Azalée
pour éliminer l'ammoniac

Parmi les plantes fleuries d'intérieur, l'azalée est l'une des plantes les plus efficaces pour lutter contre la pollution de l'air de nos maisons. Avec une note de 6 sur l'échelle de Bill Wolverton qui en contient 10, il se situe au même niveau que le chlorophytum. Il est capable d'absorber 2 fois plus de **formaldéhyde** que le croton et figure parmi les 14 meilleurs dépolluants pour l'**ammoniac** avec toutefois une efficacité 6 fois moindre que le *Rhapis excelsa*. La cuisine ou les pièces enfumées semblent l'emplacement idéal de l'azalée.

Origine : L'azalée, de son nom latin *Rhododendron simsii* déterminé par les scientifiques provient de la Chine et du Japon. Elle est présente sur les plateaux montagneux jusqu'à 1000-1500 mètres d'altitude. La culture ornementale des rhododendrons originaire de ces pays asiatiques a commencé au milieu du XIXème siècle dans les serres de Belgique.

Facilité de culture : facile

Ses exigences : les azalées poussent en terre acide. Ils exigent donc de la terre de bruyère comme substrat. C'est aussi une plante qui ne supporte pas le manque d'eau. Soleil ou mi-ombre, l'azalée n'a pas de préférence.

Les gestes indispensables : l'arrosage semble primordial pour cette plante qui exige un substrat toujours humide.

Température minimum tolérée : 5°C
Température optimum : 18 à 20 °C
Température maximum tolérée : 30 °C. La plante limitera de façon importante son cycle de floraison

Rempotage : pour les amateurs qui désirent garder l'azalée après sa floraison, il est nécessaire de la rempoter avec une terre de bruyère assez aérée.

Arrosages : en moyenne, un apport tous les 2 jours s'impose. En présence de forte chaleur, il est même conseillé de l'arroser tous les jours. Mais il n'est pas recommandé de laisser l'eau stagner dans la soucoupe.

Fertilisation : cette plante n'exige aucun fertilisant.

... L'astuce du professionnel

En maintenant l'azalée la nuit à 5°C, c'est-à-dire au réfrigérateur, l'azalée double la durée de vie de ses fleurs.

Pour retrouver une plante en forme :

- *boutons floraux qui sèchent :* la plante a une **déficience en eau** importante. Baigner le pot dans une bassine d'eau durant quelques heures peut lui éviter -mais ce n'est pas garanti- qu'elle se dessèche complètement.

- *fleurs puis feuilles qui tombent :* la plante subit un **excès** d'eau.

- *feuilles qui ternissent et deviennent couleur argentée :* les **araignées** sont susceptibles de provoquer de tels dégâts.

Autre vertus ou handicaps : l'azalée, plante de la famille des Ericacées est classée **toxique**. Le miel d'abeille issu de l'azalée provoque des intolérances digestives, de la transpiration, des vertiges et une diminution de la fréquence cardiaque. Toutes les parties de la plante contiennent de l'andromédotoxine qui agit sur les muscles dont le cœur, la respiration et l'estomac. Chez les animaux, l'ingestion d'1 ou 2 feuilles suffit au **chien** ou au **chat** pour provoquer de la salivation, puis des douleurs abdominales et des vomissements violents. Pour les oiseaux de volière, hormis les canaris qui ne sont pas affectés, les symptômes se traduisent par des prostrations, de régurgitations et des diarrhées. Le **lapin** est lui aussi particulièrement touché.

Le Chlorophytum
idéal dans la cuisine

Bien connu de nos écoliers qui s'initient au jardinage en le bouturant, le *Chlorophytum comosum*, plus communément appelé phalangère, fait partie des plantes les plus intéressantes en matière de dépolluant de l'intérieur de nos maisons. Il sert d'ailleurs de cobaye pour les chercheurs français qui travaillent le sujet. Il n'obtient pourtant qu'une note de 6 sur l'échelle de Wolverton. Dans les conditions expérimentales américaines, il est capable de supprimer 86 % de **formaldéhyde** contenu dans l'air à raison de 7µg par heure. Il agit aussi sur le **monoxyde de carbone**. L'équipe de recherche de Wolverton indique qu'il peut éliminer 96 % de ce polluant en 24 heures soit 2 fois plus que le Sansevieria. D'entretien très facile, cette plante tropicale assurera une efficacité maximale dans la cuisine équipée au gaz pour la cuisson ou dans une pièce chauffée au bois.

Origine : cette plante de la famille des Liliacées auxquels appartiennent également les lys, a pour origine l'Afrique du Sud.

Facilité de culture : très facile

Ses exigences : le chlorophytum n'a aucune exigence particulière. Il peut même supporter des conditions difficiles comme les arrosages irréguliers ou un une faible luminosité.

Les gestes indispensables : pour maintenir un feuillage coloré, le chlorophytum préfère les emplacements ensoleillés.

Température optimum : 18-20°c
Température maximum tolérée : plus de 30 °C en conditions humides

Rempotage : les rempotages sont peu fréquents. Les racines doivent remplir complètement le pot. Un mélange de terre et de terreau convient parfaitement.

Arrosages : en été et selon la température, un apport d'eau régulier **au moins une fois par semaine** permet au chlorophytum de se développer normalement. Le substrat doit être sec entre deux arrosages. En hiver, ils sont réduits au minimum.

Fertilisation : a raison de deux ou trois fois en été, une solution nutritive pour plante verte est recommandée par les horticulteurs.

... L'astuce du professionnel

Le chlorophytum a la particularité de produire de petites rosettes qui émettent facilement des racines lorsqu'elles sont en contact de l'eau. Une fois enracinée, la plante est replantée dans un substrat.

Pour retrouver une plante en forme :

- *feuilles qui jaunissent puis brunissent :* la plante subit un **excès d'eau**.

Il est nécessaire d'espacer les arrosages et d'attendre que le substrat soit sec.

Autre vertus ou handicap : le chlorophytum n'est pas toxique pour l'homme et les oiseaux. En revanche, des vétérinaires ont relevé chez les chats entrés en contact avec le chlorophytum des gastro-entérites. Les principes toxiques ne sont pas connus.

Le Croton
mieux que les cactées

Ne vous fiez pas à ces larges feuilles et au pouvoir qu'elles pourraient avoir en transpirant abondamment et en dépolluant énergiquement l'air ambiant. Avec une note de 3, le croton de son nom latin *Codiaeum variegatum pictum* se retrouve en bas de l'échelle imaginée par Wolverton au même titre que le cyclamen, le poinsettia ou les cactées. Mais même si son activité est peu intense, elle existe tout de même ! Les mesures effectuées pour le **formaldéhyde** sont de 3 µg par heure soit 3 fois moins que le chlorophytum ou l'aglaonema. Plante typique des forêts tropicales, le croton ne pourra pas s'adapter aux pièces aux atmosphères trop sèches, froides ou encore inondées de lumière.

Origine : plante tropicale, aux feuilles très colorées, originaire de l'Inde et de l'Indonésie le croton se développe à une hauteur d'environ 2 mètres dans son lieu d'origine.

Facilité de culture : assez facile

Ses exigences : le croton apprécie la **chaleur**, une **humidité de l'air élevée** et une **luminosité indirecte**.

Les gestes indispensables : l'**humidité ambiante** est un facteur indispensable au bon développement de cette plante. Il nécessite un arrosage régulier. Le croton ne supporte pas un **substrat sec**.

Température minimum : 16 °C
Température optimum : 18-30°c

Rempotage : une fois par an le croton apprécie le renouvellement de terreau pour plante verte.

Arrosages : un trempage durant une à deux heures une fois par semaine durant l'été avec une eau au moins supérieure à 18 °C lui assure des conditions optimum de développement. L'eau ne doit pas stagner dans la soucoupe. En hiver, les apports d'eau sont d'autant plus réduits que les températures sont fraîches.

Fertilisation : de mai à septembre, un engrais liquide pour plante verte appliqué **une fois par mois** assure au croton les besoins en éléments nutritionnels. Les engrais retards peuvent également convenir.

... L'astuce du professionnel

En ajoutant un paillage minéral (bille d'argile) ou organique (écorce, lin, cosse de sarrasin), vous contribuez à maintenir l'atmosphère humide recherchée par cette plante tropicale.

Pour retrouver une plante en forme :

- *les feuilles jaunissent et ternissent, elles se couvrent de pustules blanches ou brunes :* ces symptômes révèlent en principe la présence de **cochenilles**.

• *les feuilles tombent brusquement :* l'**excès d'eau** ou les **courants d'air froids** peuvent provoquer cet accident.

• *les feuilles prennent une couleur argentée et fanent :* il est possible que le **thrips** soit responsable de ces symptômes.

Autre vertus ou handicaps : aucune allergie ou toxicité n'a été relevée chez l'homme. En revanche, elle indispose certains animaux comme le chien, le chat et les perroquets. Contenant des diterpènes et de l'euphorbone, le latex du croton est irritant et provoque des dermites et de la conjonctivite. Son ingestion se traduit par des vomissements, des diarrhées, des troubles nerveux et cardiaques. L'effet dure seulement quelques jours.

Le Cyclamen

de la couleur chez les plantes dépolluantes

Plante fleurie, le cyclamen n'échappe pas à règle. Son efficacité en matière de dépollution n'est pas des plus performantes. Mais elle existe ! Wolverton l'a classé 3 sur l'échelle de 10 pour l'ensemble des COV avec une absorption de 4 µg par heure de **formaldéhyde** soit 3 fois moins que le lierre. Se développant dans des ambiances fraîches et peu chauffées, les pièces rénovées lui permettront d'exprimer toute sa capacité à dépolluer. Dans les régions à climat doux, le cyclamen peut fleurir les bords des fenêtres, les terrasses ou les balcons.

Origine : l'Iran actuel, la Perse dans l'antiquité, constitue le berceau du Cyclamen d'où son nom latin de *Cyclamen persicum*. A l'état sauvage, il se rencontre aussi en Palestine, en Syrie, en Grèce, en Turquie et en Tunisie. Il apparaît en Europe au XVIème siècle et prend véritablement son essor comme plante ornementale au XIXème siècle.

Facilité de culture : facile.

Ses exigences : le cyclamen affectionne particulièrement l'air frais et une chaleur modérée. Il n'apprécie guère la lumière directe du soleil et les atmosphères trop sèches. La plante nécessite un repos végétatif après la floraison c'est-à-dire de juillet à septembre.

Les gestes indispensables : contrairement aux idées reçues, le cyclamen ne nécessite pas d'arrosages importants. Il est donc préférable de modérer les **apports d'eau à raison de 2 ou 3 fois par semaine** selon la température et la grosseur du pot durant la floraison.
Les pièces surchauffées ne conviennent absolument pas à cette plante originaire des régions rocheuses bordant la Méditerranée. Elle s'épanouit dans des pièces peu chauffées, dans les entrées, les chambres à coucher et les cages d'escaliers. Durant le repos végétatif du cyclamen, les bulbes sont conservés en pleine terre dans un terreau humidifié pour éviter le dessèchement des racines ou en pot dans une pièce aérée, lumineuse et peu chauffée.

Température maximum tolérée : 20°C
Température optimum : 13 à 17 °C.

Rempotage : il est nécessaire si l'on désire conserver la plante pour qu'elle refleurisse la saison suivante. Il a lieu en septembre après le repos végétatif. Le terreau doit être légèrement acide, à base de feuilles ou de terre de bruyère de sable et de matière organique.

Arrosages : les apports d'eau s'effectuent 2 à 3 fois par semaine en bord du pot en évitant de mouiller le bulbe. L'eau qui n'est pas absorbée après une demi-heure est évacuée pour éviter tout pourrissement. Le substrat doit être toujours humide. Après la floraison, les arrosages sont réduits puis arrêtés.

Fertilisation : durant la floraison et en complément de l'arrosage, une solution nutritive pour plante fleurie une fois par semaine assure le bon développement de la plante.

... L'astuce du professionnel

Placez le cyclamen une demi-journée ou une nuit dehors ou sur le bord d'une fenêtre afin que la plante puisse bénéficier des températures fraîches nécessaires au prolongement de la floraison.

Pour retrouver une plante en forme :

- *feuilles avec plaie recouvertes d'une moisissure grise :* ces symptômes peuvent marquer le signe du développement d'un champignon appelé *Botrytis cinerea*. L'aération des pièces limite son développement ainsi qu'une diminution des arrosages car ce champignon affectionne particulièrement l'humidité. Enlever les feuilles et fleurs fanées contribue à limiter les pourrissements et dans le même temps donne plus de vigueur aux jeunes boutons.

- *feuilles qui jaunissent, tiges qui s'affaissent :* la plante accuse soit un **excès d'eau** soit un atmosphère trop sèche et trop chaude. Avec des arrosages trop fréquents, les racines s'asphyxient et le bulbe pourrit dans le premier cas. L'utilisation de billes d'argile dans la soucoupe améliore le drainage. Dans le second cas, la plante meurt rapidement.

- *feuillage pâle :* la plante manque de lumière ou d'éléments nutritifs

- *fleurs nouvelles, petites, aux couleurs pâles :* le manque de fertilisation est à l'origine de la production de ces fleurs réduites et moins colorées.

- *feuilles qui flétrissent, mouche blanche à la face inférieure des feuilles :* la mouche blanche est difficile à éliminer.

Les feuilles fanent, les fleurs sont déformées: il est possible que le **thrips** soit responsable de ces symptômes.

Autres vertus ou handicaps : le bulbe de cyclamen contient un glucide, la cyclamine, une substance amère irritante qui peut provoquer **la nausée et la paralysie** chez l'homme. Les animaux comme les chiens, les chats, les oiseaux, et les batraciens subissent également les effets toxiques du cyclamen. Seule la partie souterraine, le **rhizome**, semble concernée. Elle provoque des gastro-entérites hémorragiques, des troubles nerveux, des troubles cardiorespiratoires pour les cas graves. Chez le chat, l'intoxication peut être mortelle.

Le Chrysanthème

la plus efficace des plantes fleuries

Habituellement le chrysanthème (*Chrysanthemum morifolium*) orne les pierres tombales au mois de novembre. Il est plus rare de le voir dans nos appartements. Et pourtant il pourrait rendre de menus services dans nos logements car il a un effet très bénéfique. Selon les travaux américains, il figure en très bonne position comme dépolluant global des COV avec une note de 9 sur une échelle de 10 au même titre que la fougère, le lierre ou encore l'areca et le gerbera, mais il est difficile à entretenir en pot. Le chrysanthème avec 15 µg d'absorption par heure absorbe 5 fois plus de **formaldéhyde** que le croton ou les orchidées du genre Phalenopsis selon les conditions expérimentales américaines. Il figure aussi parmi les meilleurs dépolluants de l'**ammoniac** avec 9 µg d'absorption par heure soit une efficacité supérieure au *Ficus benjamina*, spathiphyllum ou encore l'azalée. En revanche, il ne surpasse pas le champion toutes catégories qu'est le *Rhapis excelsa*. Le chrysanthème sera des plus efficaces dans une pièce où sont stockés les produits d'entretien comme la cuisine ou lors d'une activité de nettoyage.

Origine : plante annuelle, le chrysanthème, originaire de Chine et du Japon, doit à Linné, naturaliste suédois vivant au 17ème siècle, l'origine de son nom, fleur d'or en grec. Dans l'archipel nippon, il demeure toujours le symbole de la famille impériale. En Chine, cette plante qui fleurit nos cimetières était classée parmi les herbes aromatiques dès le 15ème siècle avant JC avec l'utilisation de ses pétales.

Facilité de culture : assez facile

Ses exigences : le chrysanthème n'aime pas la **chaleur** mais apprécie la lumière directe et une humidité de l'air moyenne.

Les gestes indispensables : pour prolonger la durée de vie des fleurs, il est préférable de mettre la plante dans une pièce fraîche la nuit.

Température maximum : 20°C

Rempotage : le changement de substrat est inutile, la plante n'étant généralement pas conservée après sa floraison.

Arrosages : en moyenne, un apport d'eau 1 à 2 fois par semaine paraît suffisant. Mais tout dépend de la grosseur du pot, de la chaleur de la pièce et du type de substrat qui est très variable. La plante ne supporte pas les excès. L'eau stagnante est à proscrire.

Fertilisation : le chrysanthème est assez gourmand en fertilisant durant sa période végétative. Après la mise à fleur, la plante peut supporter de ne pas recevoir d'engrais.

... L'astuce du professionnel

Pour donner toute sa luxuriance à cette plante fleurie, enlever les feuilles et fleurs fanées.

Pour retrouver une plante en forme :

- *les feuilles s'affaissent, le substrat reste humide :* la plante subit sans doute une asphyxie racinaire par excès d'arrosage. Les chances de survie sont peu nombreuses.

- *feuilles qui fanent prématurément, le substrat est très sec et se contracte :* il s'agit sans doute d'un **manque d'eau**. Plusieurs bassinages devraient assurer le rétablissement du chrysanthème.

- *feuilles contenant des pustules blanches ou brunes sur leurs faces inférieures :* cet accident assez fréquent peut être dû à un **champignon**, la rouille blanche ou brune. Quand les symptômes apparaissent, il est souvent trop tard. L'humidité excessive et la chaleur favorisent le champignon. L'arrosage par le dessus est à proscrire.

- *feuilles gaufrées et taches noires collantes :* ce symptôme est souvent caractéristique de la **présence de fumagine (champignon) induit par l'infestation d'insectes**. S'il s'agit de **Pucerons**, ils sont visibles à la face inférieure du feuillage. S'il s'agit de **thrips**, une loupe est nécessaire pour observer cet insecte fusiforme de moins de 1 mm.

- *feuilles qui flétrissent, mouche blanche à la face inférieure des feuilles :* la mouche blanche est difficile à éliminer.

- *feuilles qui ternissent et deviennent couleur argentée :* les **araignées** sont susceptibles de provoquer de tels dégâts. Elles sont favorisées par une atmosphère trop sèche.

Autres vertus ou handicaps : le chrysanthème fait partie des plantes allergisantes. Les principes toxiques, des lactones sesquiterpènes, en particulier le parthénolide et le pyréthrosine, entraînent des dermites aussi bien chez l'homme que chez les animaux domestiques. Aucun traitement n'est spécifié par les spécialistes.

Dieffenbachia
le dépolleur délicat

Plante la plus toxique de celles qui ont été étudiées et choisies dans cet ouvrage, le dieffenbachia reste néanmoins un très bon dépollueur. Selon les recherches américaines, la variété *Dieffenbachia «exotica compacta»* est notée 7 sur l'échelle graduée 10. Elle peut absorber 8 µg par heure de **formaldéhyde**. En revanche, des différences d'efficacité globale semblent avérées entre les variétés. *Dieffenbachia camilla* n'est classée que 5 sur l'échelle graduée 10. Ces deux variétés ont toutefois une performance identique pour éliminer efficacement le **xylène** et le **toluène**. A raison d'une élimination de 10 µg par heure selon les expérimentations de la Nasa, le dieffenbachia se situe en quatrième position dans le classement des 14 meilleures plantes. Mais ces capacités exceptionnelles ont leur revers. Ce sont des plantes délicates, à la fois en raison de la toxicité qu'elles peuvent provoquer mais aussi parce que leur entretien n'est pas des plus aisés. Comme toutes les plantes tropicales, elles exigent de la chaleur, de l'humidité et de la lumière diffuse. Il sera donc judicieux de placer le dieffenbachia dans le coin d'une pièce, sous les combles aménagés en été, près d'un meuble verni ou près de son matériel d'art plastique.

Origine : plante **tropicale** de l'Amérique Centrale et du Sud, le genre dieffenbachia a été créé au XIXème siècle par un botaniste autrichien H.W Schott en hommage à Diffenbach, un confrère allemand. Presque toutes les espèces furent introduites en Europe par des horticulteurs belges. Toutes les variétés actuelles résultent de croisements entre les différentes espèces découvertes dans les pays d'origine.

Facilité de culture : assez délicat

Ses exigences : comme toutes les plantes tropicales, le dieffenbachia apprécie la **chaleur** et l'humidité. Il est préférable qu'il ne reçoive ni lumière directe ni courants d'air froid.

Les gestes indispensables : l'**apport d'eau** très régulier et le maintien dans une humidité suffisante profite largement à la plante.

Température minimum tolérée : 15 °C
Température optimum : 20-25 °C

Rempotage : une fois par an, il peut être utile de changer de substrat. Le dieffenbachia n'a pas d'exigence particulière dans ce domaine. Les horticulteurs utilisent du terreau pour plante verte.

Arrosages : en été, le dieffenbachia nécessite **un arrosage journalier**. Des bassinages sont même recommandés ainsi que des lavages des feuilles. Mais la plante n'apprécie guère les excès d'eau. En hiver, l'arrosage est réduit au minimum d'autant plus que la lumière et la chaleur sont faibles.

Fertilisation : exigeante en éléments fertilisants, la plante demande un apport d'engrais liquide pratiquement tous les 15 jours. Pour réduire les apports, il est possible d'utiliser un engrais retard ou de pailler le pot avec un paillage minéral comme les billes d'argile pour limiter la transpiration. Le paillage peut être aussi organique (écorce, lin ou cosse de sarrasin). Il diffusera des éléments fertilisants au cours du temps.

Pour retrouver une plante en forme :

- *feuilles qui s'affaissent et qui tombent :* l'**excès d'eau** est souvent responsable de cet incident. Les arrosages ne peuvent reprendre que si le substrat est devenu complètement sec.

- *feuilles qui ternissent et deviennent couleur argentée :* les **araignées** sont susceptibles de provoquer de tels dégâts.

- *feuilles présentant des taches noires collantes :* ce symptôme provient probablement d'un champignon, la **fumagine**. Il se manifeste lors de la présence d'insectes piqueurs comme le **Puceron**, vert, de taille globuleuse, de quelques millimètres.

- *feuilles qui flétrissent, plaies au niveau de la tige laissant échapper un liquide jaunâtre :* la bactériose pourrait en être à l'origine. Très rapidement, il faut sectionner les parties malades et les brûler pour éviter les contaminations. Aucun remède n'est efficace contre les bactérioses.

Autres vertus ou handicaps :

parmi les plantes que nous vous présentons, le dieffenbachia est sans doute la plante **la plus toxique**. Comprenant des oxalates de calcium dans la sève, le dieffenbachia doit être mastiqué longuement pour provoquer des intoxications. Selon certains auteurs, il faut 3 à 4 g de feuilles pour que des effets se manifestent sur l'homme, 600 à 1440 mg pour le cochon d'Inde. La dose mortelle chez le canari est de 120 mg. Chez l'homme et les carnivores domestiques (chat, chien), le contact de la sève avec l'œil entraîne des douleurs immédiates, une conjonctivite ou une kératite. Le contact cutané a pour effet des dermites et des œdèmes. L'ingestion provoque des douleurs, inflammations du tube digestif, des diarrhées et douleurs abdominales. Chez le chat, des troubles rénaux peuvent se manifester 1 à 2 semaines après l'ingestion. Chez le lapin, des troubles digestifs, nerveux et respiratoires peuvent survenir. L'absorption de lait ou de citron vert diminuerait les risques en précipitant les oxalates de calcium.

Dracaena
A chaque Dracaena sa spécialité

Les dracaena figurent parmi les plantes les plus efficaces pour dépolluer l'air de nos maisons. Et chaque espèce présente un profil d'efficacité différent. Selon l'échelle de Wolverton, leur capacité à nettoyer l'air oscille entre 6 et 8. *Dracaena marginata* présente une note globale d'efficacité de 6 mais il s'avère être le leader des espèces étudiées par Wolverton pour éliminer le plus activement le **xylène**. Avec une note globale identique, *Dracaena warneckei* se positionne pour être la plante spécialiste de la dépollution du **benzène, du toluène et du xylène**. *Dracaena fragans* agit honorablement sur la plupart des polluants organiques volatils, notamment le **formaldéhyde**. Il obtient une note de 8 sur l'échelle de Wolverton. Enfin, *Dracaena deremensis «Janet Craig»* possède un bon comportement général vis-à-vis de ces toxiques. Pour optimiser au maximum leur possibilité de dépollution, les pièces récemment rénovées ou aménagées leur conviennent le mieux. Il faut néanmoins leur éviter les courants d'air froids, le plein soleil et les températures en dessous de 15°C.

Origine : plantes tropicales de la famille des Liliacées ou agavacées, les dracaena apprécient donc particulièrement la chaleur de nos intérieurs et surtout sa régularité.
Selon les espèces, l'origine est différente. L'espèce *Dracaena marginata* nous vient de l'île de la Réunion et *Dracaena deremensis 'Warneckii'*, *D. deremensis «Janet Graig»* de l'Afrique tropicale

Facilité de culture : facile

Ses exigences : les Dracaena exigent une lumière tamisée, à **l'abri du plein soleil**. Ils craignent les **courants d'air** et les températures en dessous de 15 °C. C'est une «plante bibelot» selon un horticulteur.

Les gestes indispensables : pour garder un beau feuillage, **vaporiser** régulièrement la plante avec de l'eau à température ambiante et de préférence non calcaire. En milieu sec, l'extrémité des feuilles sèche. Elles pourront être coupées avec des ciseaux. Maintenir une humidité atmosphérique autour de la plante évite l'infestation des parasites comme les araignées rouges.

Température minimum : 15 °C
Température optimum : 21 à 28 °C

Rempotage : il est peu fréquent et un terreau classique léger et drainant convient parfaitement à cette plante tropicale.

Arrosages : en été, l'arrosage est journalier pour maintenir un terreau constamment humide. En revanche, en hiver, modérer les apports d'eau de façon à maintenir le sol sec entre deux arrosages.

Fertilisation : la plante n'est pas très exigeante en éléments nutritifs. Une à 2 fois en été, l'apport d'un engrais classique suffit à la nourrir.

... L'astuce du professionnel

Pour une meilleure activité foliaire et par conséquent une meilleure efficacité de son activité de dépolluant, il est recommandé de nettoyer les feuilles régulièrement.

Pour retrouver une plante en forme :

- *feuilles avec des taches brunes qui finissent par se dessécher :* le soleil est à l'origine de ces brûlures.

- *feuilles moins colorées :* la lumière, trop faible, gène la croissance du feuillage.

- *feuilles qui se gaufrent, arrêt de croissance, amas cotonneux sur la face inférieure :* ces pustules, immobiles, le plus souvent blanches sont caractéristiques d'insectes comme les **cochenilles**.

- *feuilles à teinte grisâtre, argentée, arrêt brusque de la croissance, les feuilles adultes se dessèchent :* sous la face inférieure des feuilles, de minuscules toiles apparaissent signalant la présence des **araignées** rouges, visibles seulement à la loupe.

- *feuilles maculées de taches jaunes et brunes :* il est fort possible que les racines asphyxiées soient attaquées par de la **pourriture**. Un excès d'eau en est souvent à l'origine. La pose de billes d'argile dans la soucoupe assure un meilleur drainage. Il faut impérativement enlever les parties malades. Si la tige est atteinte, elle devient molle et la plante a peu de chance de survivre.

Autres vertus ou handicaps :
les dracaena seraient non toxiques pour les oiseaux et l'homme mais dangereux pour les animaux comme les chats. Il s'agit d'une intoxication mécanique après mâchonnement de leurs feuilles coriaces. Des vomissements, de l'hypersalivation et des troubles de l'équilibre peuvent se produire mais aucun traitement spécifique n'est à pratiquer.

La Fougère Nephrolepsis

le top pour le formaldéhyde

Parmi les plantes étudiées par Bill Wolverton, l'espèce *Nephrolepsis exaltata* obtient le meilleur rendement de dépollution pour le **formaldéhyde** avec 20 µg absorbés par heure soit 10 fois plus que le kalanchoe, le sansevieria ou encore l'*aloe vera*. Cette fougère est d'ailleurs classée meilleure dépolluante avec *Rhapis excelsa*, le chrysanthème, ou encore le gerbera en pot. Ces plantes surfent toutes avec une note de 9 sur une échelle de 10. Idéale dans une pièce rénovée comportant des meubles en bois aggloméré, cette fougère ne tolère cependant pas les expositions en plein soleil et les atmosphères trop sèches.

Origine : les fougères de nos appartements ne proviennent pas des sous-bois de nos contrées d'Europe. Elles sont originaires des **zones tropicales et subtropicales**. Mais elles possèdent les mêmes caractéristiques de développement que leurs cousines européennes à savoir une prédilection pour les zones d'ombre et l'atmosphère humide.

Facilité de culture : facile

Ses exigences : la fougère ne tolère pas une exposition **en plein soleil**. En revanche elle supporte une **certaine chaleur** à condition d'être placée dans une atmosphère très humide.

Les gestes indispensables : dans les intérieurs où l'atmosphère est généralement des plus sèches, il est indispensable de **vaporiser** les plantes plusieurs fois par semaine. Le substrat doit toujours être humide.

Température minimum tolérée : 8-12°C
Température optimum : 16 à 20 °C
Température maximum tolérée : 25 -30°C en condition humide

Rempotage : il n'est pas fréquent. Un renouvellement, **tous les 2 ans**, de terreau pour plante verte ou à base de feuilles semble suffisant. En revanche, il est recommandé tous les ans d'éliminer **les feuilles sèches ou jaunies.**

Arrosages : une à deux fois par semaine, le pot est trempé dans une bassine d'eau puis égoutté. Le bassinage, le fait de laisser le pot quelques heures dans l'eau est déconseillé. L'eau ne doit pas stagner dans la coupelle. L'arrosage est effectué sous les frondes et non sur le dessus de la plante.

Fertilisation : au printemps, les professionnels recommandent d'appliquer un engrais plante verte agissant sur 3 ou 4 mois.

... L'astuce du professionnel

Pour donner à la plante davantage de vigueur et de **luxuriance**, il est judicieux de la placer dehors en été et à l'ombre.

Pour retrouver une plante en forme :

- *les frondes deviennent noires :* la plante subit un **excès d'eau**. Espacer les arrosages pour laisser au substrat le temps de se ressuyer. Eviter d'arroser le dessus de la plante.

- *les frondes prennent une teinte vert clair métallisée :* le **manque d'eau** est à l'origine de cet accident. En trempant la plante une heure dans l'eau, elle retrouve son éclat.

● *les frondes jaunissent, des piqûres y apparaissent :* les **araignées rouges** invisibles à l'œil nu ont pu faire leurs ravages. L'atmosphère, trop sèche, leur a été favorable. Quelques jours dans une pièce très humide comme la salle de bain est un bon remède si l'attaque n'est pas trop forte.

● *les frondes sont couvertes de pustules brunes ou d'amas cotonneux :* ces symptômes révèlent en principe la présence de **cochenilles** brunes ou blanches qui, avec leur stylet, pompent leur nourriture dans la sève. Très souvent, les cochenilles ont migré des plantes voisines comme les ficus.

Autre vertus ou handicaps :
a ce jour, aucun symptôme de toxicité, d'allergie ou d'irritation n'a été relevé au contact des Nephrolepsis chez les humains comme chez les animaux de compagnie.

Ficus elastica ou caoutchouc
le champion des dépolluants

Plante luxuriante, avec un feuillage important, le caoutchouc, de son nom latin *Ficus elastica*, figure sans surprise **parmi les plantes les plus efficaces** pour éliminer les COV. Les résultats des travaux américains sur la capacité à nettoyer l'air le place en haut de l'échelle déterminée par le chercheur américain Bill Wolverton. Il obtient la note de 9 sur une graduation qui en contient 10. Il élimine principalement le **formaldéhyde.**

En une journée, il est capable de digérer près de la moitié de ce composé volatil contenu dans une pièce. D'autres ficus comme le *Ficus benjamina* ont aussi une activité dépolluante intéressante. Ce dernier est classé 8 sur l'échelle de Bill Wolverton. Le «*benjamina*» figure aussi dans le top des 14 plantes pour sa capacité à éliminer l'**ammoniac** et des composants comme **le xylène et le toluène**.

En toute logique, le meilleur emplacement pour l'un des champions de la dépollution de l'air se situe dans des endroits récemment aménagés, dans des emplacements confinés, dans la cuisine, les pièces où l'on séjourne le plus longtemps. Mais il est toutefois indispensable de respecter les exigences du caoutchouc à savoir une zone hors courant d'air, à l'abri de la lumière directe avec une atmosphère moyennement humide. Quant au *Ficus benjamina*, ses exigences sont quasiment identiques avec toutefois une forte réticence au changement de place.

Origine : l'arbre à caoutchouc ou le gommier arborescent est originaire de l'Inde et de la Malaisie où il était cultivé pour recueillir une substance laiteuse aux propriétés élastiques, le caoutchouc. Introduit en Angleterre en 1810 par le botaniste William Roxburg, il fit l'objet de cultures importantes à Bruxelles au cours du XIXème siècle par l'un des plus célèbres horticulteurs belge, Lucien Linden. Dans son milieu naturel, le ficus peut atteindre plus de 50 mètres de haut. Aussi, lorsqu'il est maintenu dans un pot étroit, les carences racinaires deviennent fréquentes et aboutissent au jaunissement et des plaies sur les feuilles.

Facilité de culture : assez facile

Ses exigences : le ficus se développe harmonieusement à condition de recevoir à la fois une alimentation équilibrée, **une bonne luminosité dans la journée** et une certaine chaleur.
Un **excès de chaleur ou d'humidité**, à fortiori par temps sombre, déséquilibre le système alimentaire de la plante. Le feuillage plus âgé jaunit et se couvre de plaies.

Les gestes indispensables : un rempotage au printemps avec un mélange de terreau pour plantes vertes

Température minimum : 8-10°C
Température optimum en été : au-delà de 16 °C

Arrosages : eau à température ambiante, non calcaire, pas d'eau stagnante en raison des risques de brûlure foliaire.

Fertilisation : un engrais appliqué d'avril à septembre est recommandé environ toutes les 3 semaines par les professionnels.

... L'astuce du professionnel
Pour éviter son envahissement, une taille et une mise en forme embelliront la plante

Pour retrouver une plante en forme :

- *brûlures larges et irrégulières du feuillage :* les feuilles sont trop exposées au soleil.

- *feuilles enroulées sur elles-mêmes en forme de cornet et couvertes de taches noires collantes :* ces taches noires sont produites sans doute par un champignon, la fumagine et font suite à d'éventuelles infestations de **Pucerons**.

- *feuilles couleur gris argenté brillant puis jaunissant et tombant, présence de petites toiles blanches sous les feuilles :* la loupe devrait permettre de distinguer des petites **araignées** qui se développent quand l'air est trop sec.

- *feuilles, tiges et nervures recouvertes de pustules gris brun, immobiles :* les **cochenilles**, suceuses de sève peuvent être les parasites provoquant ces dégâts.

Autres vertus ou handicaps :
le latex serait urticant et piquant pour l'homme avec la formation de cloque et brûlure importante. Il est également irritant pour l'appareil digestif des animaux comme les chiens, les chats et les lapins nains mais les doses toxiques ne sont pas établies, la famille des ficacées dont fait partie le caoutchouc étant très peu toxique. Des troubles digestifs caractérisent les symptômes avec des troubles de la démarche chez le chien, une prostration chez le chat et un effet de météorisme chez le lapin dans les cas les plus graves. Le caoutchouc est jugé non toxique pour les oiseaux.

Le lierre
le top pour les pièces sombres

Le lierre rivalise avec le caoutchouc en terme d'efficacité contre les COV. Il affiche une note de 9 sur l'échelle de Wolverton. Efficace contre le **formaldéhyde**, il agit aussi sur le **benzène** en éliminant 90 % de ce toxique dans l'atmosphère d'une pièce en 24 heures selon les résultats américains. Appréciant particulièrement l'humidité de l'air ambiant mais supportant la faible luminosité, le lierre peut être installé dans une cuisine loin des sources de chaleur ou encore dans un bureau où les matériaux en plastique contenant du benzène sont fréquents.

Origine : parmi les plantes que nous décrivons ici, le lierre est bien l'une des seules espèces qui soit d'origine européenne. Elle a su s'adapter à des climats très variés. Elle figure aussi parmi les rares plantes grimpantes. Celles qui décorent nos intérieurs, le lierre commun ou *Hedera helix*, apprécient la lumière mais peu les emplacements chauds.

Facilité de culture : facile

Ses exigences : plante grimpante à feuillage persistant parfois vigoureuse, le lierre se plait dans une atmosphère humide. Il supporte la faible luminosité.

Les gestes indispensables : pénalisé par une atmosphère trop sèche, le lierre nécessite une pulvérisation d'eau 3 à 4 fois par semaine. La taille par simple coupe de l'extrémité des tiges permet une ramification de la plante.

Température optimum : 17-20 °C
Température maximum : 25 °C

Rempotage : quand les racines envahissent le pot, il est préférable de changer de substrat. Il n'est donc pas nécessaire de le faire tous les ans. Un **terreau classique** avec un peu de terre franche convient parfaitement. N'appréciant pas les excès d'eau, des billes d'argile expansée ou des graviers au fond du pot permettent d'assurer un meilleur **drainage**.

Arrosages : les apports d'eau doivent être réguliers. En été, pour des températures modérées, le lierre mérite **2 à 3 arrosages par semaine**. En hiver, dans une atmosphère pas trop sèche et chauffée, un apport suffit par semaine. L'eau ne doit pas stagner dans la coupelle. Le substrat nécessite d'être ressuyé avant chaque arrosage.

Fertilisation : un apport d'engrais organique liquide à raison d'**une fois toutes les 3 semaines** durant sa période de croissance qui démarre en février-mars et se termine en octobre-novembre assure à la plante un développement optimum. Il est préférable d'arroser avant d'apporter l'engrais.

... L'astuce du professionnel

Lors de fortes chaleurs, le pot que l'on aura pris soin d'entourer d'un plastique peut être **passé sous la pomme de la douche** de la salle de bain. Cela évitera la propagation des acariens ou araignées rouges qui prolifèrent dans les atmosphères sèches.

Pour retrouver une plante en forme :

- *feuilles qui noircissent :* la plante subit un excès d'eau. Pour éviter cet incident, le pot doit être bien drainé avec du gravier au fond du pot ou des billes d'argile.

- *feuilles qui jaunissent et qui tombent :* la plante manque d'eau. Un bassinage devrait lui permettre de se refaire une santé.

- *feuilles qui se décolorent et qui prennent un aspect argenté :* les **araignées rouges** peuvent être à l'origine de ce dommage.

- *feuilles, tiges et nervures recouvertes d'un amas cotonneux, immobiles :* les **cochenilles**, suceuses de sève peuvent provoquer ces dégâts.

Autres vertus ou handicaps : le lierre qui appartient à la famille des araliacées est une plante **très toxique** qui contient un glucoside, l'hédérine et des saponosides. Son ingestion peut déclencher des troubles digestifs graves comme les vomissements et les diarrhées. Moins de 5 graines sont suffisantes pour provoquer des troubles digestifs chez l'homme. Mais cette plante ne fleurit pas en appartement. Les autres parties de la plante irritent et provoquent parfois des **allergies dermiques**. Son utilisation en interne est interdite. En revanche, le lierre présente quelques propriétés utilisées en usage externe sous forme de gel, crème, pommade, lotion ou décoction pour les douleurs rhumatismales, les brûlures, les cors et durillons, les oedèmes circulatoires ou encore la cellulite. Il soulagerait aussi le cuir chevelu irrité et limiterait les sécrétions séborrhéiques en l'utilisant comme shampoing. Plus insolite, cette plante grimpante s'utilise comme produit à vaisselle en recueillant le jus d'une décoction de 100 g pour 2 litres d'eau. **Chez les animaux**, comme le cobaye et le lapin, l'intoxication se traduit par des troubles digestifs, nerveux et de l'hypothermie. Les symptômes peuvent se révéler seulement 24 heures après l'ingestion. Des cas mortels ont été signalés chez le chien et le lapin.

Philodendron scandens
le plus facile à entretenir

Tous les philodendrons n'ont pas la même efficacité vis-à-vis des toxiques comme les COV. Les plus performants comme le Philodendron '*Red Emerald*' est classé parmi les meilleurs dépolluants avec une note de 6 sur une échelle qui en compte 10 c'est-à-dire qu'il se situe au même niveau que le chlorophytum. En revanche, le *Philodendron scandens et Philodendron Selloum* obtiennent seulement un classement respectif de 4 et 3. Ils absorbent le **formaldéhyde** comme peuvent le faire des cactus genre schlumbergera. Mais l'intérêt notamment de *P.scandens* réside dans sa grande facilité d'adaptation. Il n'est pas indiqué de le placer plein Sud car il n'apprécie guère la lumière directe.

Origine : le *philodendron scandens* est une liane grimpante originaire d'Amérique centrale dont la hauteur peut atteindre 3 à 6 mètres. L'origine de son nom revient au botaniste H.W.Schott qui, pour traduire la capacité de cette liane à s'accrocher aux arbres, a choisi le mot grec philein, qui aime, et dendron, arbre.

Facilité de culture : très facile

Ses exigences : plante d'origine tropicale, ce philodendron apprécie la chaleur, l'humidité et surtout une lumière diffuse.

Les gestes indispensables : pour assurer une meilleure efficacité de ses capacités de dépolluant, il est préférable d'enlever **la poussière** des feuilles régulièrement avec de l'eau et de vaporiser le feuillage en atmosphère sèche principalement en hiver. **Pincer** régulièrement l'extrémité des tiges du philodendron revient à multiplier ses ramifications pour le rendre plus compact et esthétique.

Température optimum : 18-25 °C

Rempotage : le changement de substrat n'est pas fréquent. Il peut s'effectuer **tous les 3 à 4 ans** au printemps. Le philodendron peut être rempoté dans du terreau de feuilles mélangé à de la terre de bruyère et de la tourbe ou encore avec un compost pour plante verte.

Arrosages : en été, la plante exige **un arrosage une fois par semaine**. En hiver, les apports d'eau doivent s'espacer et laisser au substrat le temps de sécher. Du gravier ou des billes d'argile dans la soucoupe favorisent le drainage.

Fertilisation : un engrais liquide organique ou pour plante verte une fois par mois ou un engrais à libération lente sur 3 ou 4 mois suffit à assurer les besoins nécessaires en éléments fertilisants.

... L'astuce du professionnel

Le philodendron peut être utilisé en suspension ou accroché soit à un support artificiel soit à une autre plante comme le *Ficus elastica*. Il est facile aussi de le multiplier en prélevant des boutures, les racines étant déjà présentes sur les tiges.

Pour retrouver une plante en forme :

- *feuilles qui s'affaissent et tombent :* l'asphyxie racinaire peut être à l'origine de cet accident. L'arrêt des arrosages s'impose. Ils reprendront quand le substrat sera complètement sec. Pour éviter les effets d'excès d'eau, la mise en place de graviers ou de billes d'argile dans la soucoupe est bénéfique.

- *feuilles qui ternissent et deviennent couleur argentée :* les **araignées** sont susceptibles de provoquer de tels dégâts.

- *feuilles qui présentent des amas cotonneux sur les nervures de la face inférieure* : la plante est sans doute colonisée par les **cochenilles farineuses** qui, avec leur stylet, pompent leur nourriture dans la sève.

Autre vertus ou handicaps : appartenant à la famille des aracées, le *Philodendron scandens* **provoque quelques** toxicités en raison d'oxalate de calcium contenu dans la sève. Chez l'homme, les symptômes se traduisent par des irritations de l'œil et des muqueuses au contact de la sève. Le chien, le chat, le lapin, le cochon d'Inde et les oiseaux en cage ou volière sont touchés par les effets toxiques de la plante. Les effets, respiratoires, digestifs, cutanés et nerveux peuvent se prolonger 1 à 2 mois. De plus, Il a été identifié chez *Philodendron scandens* des propriétés allergisantes dues à deux phénols (résorcinol et alcénylphénol).

Le Poinsettia
le dépolluant de Noël

Le poinsettia, de son nom latin *Euphorbia pulcherrima* est classé au même niveau que le cyclamen, le croton ou le sansevieria pour son efficacité comme dépolluants des COV. Il est noté 3 sur l'échelle graduée 10 de Bill Wolverton. Il est capable d'absorber 4µg de **formaldéhyde** par heure, un niveau que nombreuses plantes étudiées par le chercheur américain sont capables d'atteindre comme le cyclamen, le philodendron type *selloum*, les cactées schlumbergera ou les maranta. L'étoile de Noël ainsi dénommée pour sa floraison en fin d'année sera placée dans des endroits sans courants d'air froids.

Origine : l'Amérique centrale et le Sud du **Mexique** constituent le berceau d'origine pour ce genre d'euphorbe introduit aux Etats-Unis en 1925. Son nom provient d'ailleurs du premier ambassadeur des Etats-Unis au Mexique, Joël Roberts Poinsett.

Facilité de culture : assez facile

Ses exigences : cette plante aux bractées florales supérieures rouge, rose ou blanc exige de la **luminosité**. Elle n'apprécie guère les **courants d'air**, signes de changements brusques de température. Ses besoins en eau sont modérés.

Les gestes indispensables : pour prolonger au maximum la durée de vie de cette plante d'ornement, la luminosité est primordiale.

Température minimum tolérée : 15 à 16°C
Température optimum : 17 à 18°C
Température maximum tolérée : 20 à 25°C

Rempotage : il n'est pas nécessaire normalement de rempoter cette plante dont la coloration des bractées peut durer plusieurs mois.

Arrosages : un **apport d'eau par semaine** est recommandé en été. L'arrosage n'est préconisé qu'une fois tous les 10 ou 15 jours en hiver. Sensible aux excès, la plante ne doit jamais avoir d'eau stagnante dans la coupelle. Le substrat doit être sec avant d'effectuer un second arrosage.

Fertilisation : peu exigeant, le poinsettia demande un apport d'engrais sous forme de solution nutritive pour plante verte une fois par mois en été.

... L'astuce du professionnel

Placer le poinsettia dans une pièce qui n'est plus éclairée après 18 heures pour maintenir le feuillage coloré.

Pour retrouver une plante en forme :

- *les feuilles se fanent prématurément :* les arrosages ne sont pas suffisants.

- *les feuilles s'enroulent, se fanent et le terreau est humide :* la plante subit un excès d'eau. Il faut arrêter les arrosages.

- *feuilles couvertes de pustules gris brun et immobiles sur la face inférieure des feuilles :* ces symptômes révèlent en principe la présence de **cochenilles**.

- *feuilles qui flétrissent, mouche blanche à la face inférieure des feuilles :* la **Mouche blanche** est difficile à éliminer.

- *les feuilles fanent, des excréments noirs s'observent à proximité des zones écorchées :* il est possible que le **thrips** soit responsable de ces symptômes.

Autre vertus ou handicaps : le Poinsettia provoque des irritations chez les personnes sensibles. Cela se traduit par des démangeaisons et des plaques rouges sur les parties touchées. Chez les jeunes enfants et les animaux comme les chiens, l'étoile de Noël mâchée peut provoquer des troubles digestifs. Le latex produit par toute la plante est à l'origine de ces toxicités. Qualifié d'entérotoxique, il contient plusieurs toxiques mal connus (résines, alcaloïdes, euphorbine, hétéroside et euphorbiostéroïde).

Pothos ou Scindapsus aureus

une plante référente

Parmi les 3 plantes testées par les chercheurs français, le pothos a été choisi comme référence. Comme le chlorophytum, Wolverton ne l'a pas classé parmi les plantes les plus efficaces. Il obtient une note de 5 sur une graduation de 10. Il absorberait 2 fois moins de **formaldéhyde** que l'areca ou le spathyphyllum. Mais l'abondante transpiration du pothos lui donne un certain avantage pour relever le niveau d'humidité de la maison. Toutes les pièces d'un intérieur lui conviennent à condition qu'il puisse profiter d'une luminosité suffisante.

Origine : plante endémique de **l'Ile de Salomon** dans l'Océan Pacifique, le Pothos de son nom latin *Epipremnum aureus* ou *Scindpasus aureus* est une plante grimpante très vigoureuse qui peut atteindre plus de 10 mètres dans son lieu d'origine.

Facilité de culture : facile

Ses exigences : cette liane peut appuyer ses racines aériennes sur un **support** comme la sphaigne. Elle demande une **bonne luminosité** bien qu'elle tolère la pénombre pour maintenir un feuillage coloré. Les **arrosages modérés** sont préférables.

Les gestes indispensables : vaporiser le feuillage ou passer un linge humide redonne une luxuriance à la plante.

Température minimum tolérée : 15
Température optimum : 18 à 20 °C
Température maximum tolérée : 30 °C avec eau

Rempotage : environ tous les 2 ans, il est nécessaire de changer le substrat à base de terreau, de sable et de tourbe.

Arrosages : les horticulteurs préconisent un apport d'eau par semaine durant la croissance de la plante en été. Le substrat doit être sec entre deux arrosages. L'eau non calcaire est préférable.

Fertilisation : une solution nutritive **une fois par mois** satisfait les besoins du Pothos. Il est possible aussi d'utiliser de l'engrais retard.

... L'astuce du professionnel
Pour multiplier les pousses, l'horticulteur conseille de pincer les extrémités au printemps.

Pour retrouver une plante en forme :

- *feuilles qui noircissent :* il est fort possible que la **pourriture** ait envahie la plante. Les températures basses et les excès d'arrosage provoquent très souvent ces symptômes. Selon l'importance des dégâts et même après avoir enlevé les parties malades, la plante peut ne pas survivre.

- *feuilles recouvertes d'amas* ***brun*** *sur la face inférieure :* ces symptômes en principe révèlent la présence de **cochenilles** qui, avec leur stylet ,pompent leur nourriture dans la sève.

Autre vertus ou handicap :
le Pothos est décrit **toxique** comme les autres plantes de la famille des aracées. La sève contenant des oxalates de calcium peut provoquer des symptômes d'irritation mineure de la bouche chez l'homme qui a mâchonné des feuilles. Des eczémas allergiques ont été aussi signalés chez les fleuristes. Quant aux animaux domestiques, le Pothos agit de la même façon que les espèces de la famille des aracées. Le chat, le chien,

le cochon d'Inde sont concernés. En revanche les oiseaux ne le sont pas. Les symptômes sont moins violents que pour le dieffenbachia.

Rhapis excelsa
excellent contre l'ammoniac

Rhapis excelsa a été défini par Wolverton comme la plante la plus efficace pour éliminer l'**ammoniac** dans les conditions des ses expérimentations. Il en absorberait 6 fois plus que l'azalée avec 19 µg par heure. Noté 7 sur une échelle qui en contient 10, il figure parmi les 13 plantes les plus efficientes à dépolluer l'air de l'intérieur de nos maisons. En posant le palmier près de son rangement de produits d'entretien, il assurera l'une des ses capacités les plus importantes, à savoir éliminer l'ammoniac. Toutefois, le palmier exige une certaine luminosité ce qui peut être incompatible avec l'emplacement que l'on aura choisi.

Origine : palmier originaire de la Chine du Sud, les japonais le cultivaient déjà au 17ème siècle sous forme de bonsaï. *Rhapis excelsa* a été introduit en Europe en 1774. Il est réputé pour être le palmier le plus facile à entretenir. Son nom provient du grec Rhapis qui signifie aiguille. Sa croissance est lente.

Facilité de culture : assez facile

Ses exigences : il est capable de supporter une faible luminosité. Il apprécie l'humidité atmosphérique. Mais il craint fortement tous les excès d'eau, de froid et de sécheresse.

Les gestes indispensables : bassiner régulièrement le Rhapis ou **laver** ses feuilles entretient l'humidité dont il a besoin et lui évitent des infestations d'**araignées**.

Température minimum tolérée : -2°C
Température optimum : 18-20°c
Température maximum : 45 °C

Rempotage : le changement de substrat n'est pas très fréquent. Il peut avoir lieu tous les **3 ou 4 ans** avec pour base un terreau classique. Le palmier préfère être à l'étroit. C'est seulement quand la dimension du pot et la taille du Rhapis sont disproportionnées que le rempotage s'impose.

Arrosages : en été, un apport d'eau **une fois par semaine** devrait être suffisant. Le terreau doit toujours être humide sans toutefois être gorgé d'eau. Afin de bien le drainer, des billes d'argile sont à déposer au fond du pot ou dans la soucoupe. En hiver, les arrosages seront encore plus espacés.

Fertilisation : entre mai et octobre, période où la pousse du palmier est la plus rapide, une dose d'engrais liquide peut être appliquée **tous les 2 mois.**

... L'astuce du professionnel

Pour lui assurer l'humidité qu'il affectionne, il est possible de l'associer avec d'autres plantes vertes.

Pour retrouver une plante en forme :

- *feuilles brunes ou brûlures aux extrémités* : le soleil trop vif a lésé le feuillage. La plante doit être déplacée dans une lumière plus diffuse et les bords endommagés seront coupés.

● *La plante périclite et le terreau est très humide :* il pourrait s'agir de la pourriture des racines face à un excès d'eau. Les chances de sauver le palmier sont minimes.

Autres vertus ou handicaps : selon la bibliographie et les instances compétentes, aucune toxicité ou allergies n'ont été signalées à propos de *Rhapis excelsa*.

Sansevieria

pour les pièces surchauffées

Plante grasse typique dont la transpiration peut être réduite au minimum, le Sansevieria ne peut pas **prétendre** à caracoler parmi les espèces les plus performantes. Elle obtient une note de 3 sur l'échelle graduée 10 de Wolverton. Cette plante absorbe 2µg par heure de **formaldéhyde** selon les conditions d'expérimentations de Bill Wolverton. Ses facultés d'adaptation aux pièces surchauffées et aux entretiens irréguliers lui donne néanmoins un avantage certain.

Origine : l'espèce sauvage aux feuilles entièrement vertes et garnies de zébrures claires, est très répandue en **Afrique tropicale**. La Sansevièria de nos appartements dont le bord des feuilles présente une bande dorée plus ou moins large provient d'une mutation génétique naturelle suite à une infection virale. Ces plantes furent découvertes en 1904 dans l'actuelle ville de Kisangani, République démocratique du Congo et étudiées à l'Institut agronomique de Gembloux en Belgique.

Facilité de culture : très facile

Ses exigences : très **résistante à la sécheresse** et donc complètement adaptée à nos intérieurs surchauffés, la sansevière affectionne la chaleur en toute saison même à proximité d'un vitrage en plein soleil. En revanche, elle n'apprécie guère l'humidité du sol et de l'air surtout par temps couvert et froid.

Les gestes indispensables : aucune attention particulière n'est exigée pour cette plante réputée supporter les mauvais soins, la chaleur et les arrosages irréguliers. Cependant, il ne faut **jamais lui casser la pointe de la feuille**, sa croissance en serait arrêtée.

Température minimum tolérée : 10-12 °C
Température optimum : 18 à 30 °C

Rempotage : une fois **tous les deux ou trois ans**, le renouvellement du substrat est réalisé à base de terreau pour géranium.

Arrosages : en été, les apports d'eau à température ambiante sont limités à une fois par semaine. En hiver, un arrosage toutes les deux ou trois semaines suffit. La plante peut supporter de ne pas être alimentée durant plusieurs mois. L'eau ne doit pas stagner dans la coupelle. L'arrosage s'avère nécessaire quand le terreau est complètement ressuyé.

Fertilisation : la plante n'exige aucun apport nutritif.

... L'astuce du professionnel

Les jeunes pousses peuvent être récupérées, mises en pot et constituer ainsi une nouvelle plante d'ornement.

Pour retrouver une plante en forme :

- *les feuilles arrêtent leur croissance :* la plante manque de lumière ou la partie supérieure des feuilles, le mucron, a été sectionnée.

• *feuilles avec des taches jaunes, en creux et allongées puis apparition de plaie :* une **maladie**, la fusariose, pourrait être à l'origine de ces symptômes qui s'expriment dans les cas d'arrosages trop fréquents ou trop froids.

• *feuilles qui jaunissent, s'affaissent et dégagent une odeur nauséabonde :* il est très difficile de soigner cette maladie provoquée par des *bactéries*. Les brusques changements de température favorisent son développement.

Autres vertus ou handicaps : la plante, contenant des saponines, est considérée comme non toxique chez les oiseaux. Son ingestion chez les carnivores domestiques comme le chat ou le chien ne provoque pas toujours des symptômes. Il s'agit en l'occurrence de troubles digestifs et de prostration. Chez l'homme, elle peut occasionner des vomissements et des diarrhées à condition d'en ingérer une grande quantité.

Schlumbergera
la cactée dépolluante

Plante adaptée aux situations désertiques, le schlumbergera n'a pas une activité respiratoire très importante et en toute logique il n'est pas très efficace pour dépolluer l'air des COV. Selon les expérimentations de la Nasa, il est classé 3 pour son efficacité globale sur une échelle graduée 10. Il a cependant quelques facultés à éliminer le **formaldéhyde** selon le chercheur américain Wolverton. Avec une absorption de 3 µg par heure, il a le même potentiel que le *Philodendrons scandens*, qu'une variété de maranta comme *Maranta leuconeura 'Kerchoveana'* ou encore que la vigne d'appartement *Cissus Rhombifolia*. Le schlumbergera appréciera d'être posé loin d'une fenêtre où il recevrait une lumière directe.

Origine : le Sud-est du Brésil est le berceau de ce genre de cactée. Les formes commercialisées aujourd'hui sont issues de différents croisements de schlumbergera. L'original que l'on retrouve accroché aux arbres peut se développer jusqu'à 1200 mètres d'altitude. Le nom de cette cactée revient au botaniste Charles Lemaire qui a voulu rendre un hommage à Frédéric Schlumberger, collectionneur français de cactées et plantes grasses du XIXème siècle. Autrefois ces plantes s'appelaient Epiphyllum.

Facilité de culture : assez facile

Ses exigences : le Schlumbergera demande d'avantage d'eau et d'éléments fertilisants que les autres cactées. Il apprécie les situations ombragées avec une chaleur modérée. Pour fleurir, la plante demande 3 à 4 semaines de repos végétatif en septembre, sans arrosages et sans fertilisants quand les jours raccourcissent.

Les gestes indispensables : il est essentiel que la plante ne soit pas exposée à la lumière directe.

Température minimum tolérée : -2°C
Température optimum : 12 à 22°C
Température maximum : 40°C

Rempotage : le changement de substrat est peu fréquent, tous les 2 ans environ. Le schlumbergera préfère les pots assez petits.

Arrosages : le schlumbergera exige un arrosage **tous les 8 à 10 jours** sauf en septembre durant la période de repos.

Fertilisation : une fois par mois, hormis durant le temps de repos, la cactée a besoin d'un engrais liquide type géranium dont les doses sont divisées par deux.

... L'astuce du professionnel

Pour que le schlumbergera puisse fleurir, il est nécessaire qu'il soit exposé à des jours courts et que la température ne dépasse pas 23 °C. Aussi, il est vivement recommandé de mettre la cactée dans une pièce sombre et fraîche après 18 heures le soir, au mois de septembre.

Pour retrouver une plante en forme :

- *les boutons chutent juste avant la floraison :* il est fort possible que la cactée **manque d'éléments minéraux** et ne puisse alimenter les futures fleurs.

- *plante qui périclite avec des taches noires :* ce symptôme est sans doute signe d'un **excès d'eau**, principal ennemi des cactées. Il faut donc dépoter la plante, laisser les racines sécher au soleil et couper les racines pourries en évitant toute propagation avec le couteau.

Autres vertus ou handicaps : selon la bibliographie et les instances compétentes, aucune toxicité ou allergies n'ont été signalées à propos de *Schlumbergera sp.*

Shefflera

un excellent dépollueur

Le shefflera, de son nom latin *Brassaia actinophylla* fait partie des 13 plantes étudiées par la Nasa qui peuvent prétendre à une très bonne efficacité comme dépolluant c'est-à-dire dont la note de capacité à évacuer les polluants volatils dépasse 8 sur l'échelle graduée 10 de Wolverton. Dans les conditions expérimentales américaines, il est capable d'absorber 9 µg par heure de *formaldéhyde* soit autant que le *Rhapis excelsa*. Toutefois sa capacité à dépolluer l'air est liée aux conditions d'entretien auxquelles il sera exposé. Pour son épanouissement optimum, le shefflera exige nécessairement une chaleur et une humidité constantes. Il n'apprécie pas toujours la faible luminosité. Il serait bon de le placer dans la salle de séjour.

Origine : cette plante **tropicale** nous vient d'Australie. Dans son milieu originel, elle peut atteindre 30 mètres de haut.

Facilité de culture : assez facile

Ses exigences : chaleur et humidité sont les deux exigences requises pour cette plante tropicale.

Les gestes indispensables : le schefflera apprécie un arrosage régulier et ne supporte pas les manques ni les excès d'eau.

Température minimum tolérée : 4-5 °C si les arrosages sont très limités

Rempotage : au printemps, le substrat à base de terreau pour plantes vertes peut être remplacé pour que la plante puisse y puiser les éléments nécessaires à son bon développement.

Arrosages : en été, le pot peut être baigné une fois par semaine en vérifiant que le substrat soit bien ressuyé entre deux arrosages. En hiver, les arrosages seront beaucoup moins fréquents, de l'ordre d'une fois par mois environ.

Fertilisation : une solution nutritive une à 2 fois par mois suffit à assurer une alimentation correcte pour la plante.

... L'astuce du professionnel

Le fait de pincer au moins la tige principale entraînera un développement des ramifications et donnera au schefflera la possibilité de se développer pleinement.

Pour retrouver une plante en forme :

- *feuilles des jeunes plantes qui s'affaissent :* il s'agit d'un excès d'eau qui ne se rencontre généralement que sur les sujets les plus jeunes.

- *feuilles qui fanent :* la plante manque d'eau. En la baignant jusqu'à 2 heures dans une bassine, la plante retrouvera toute sa luxuriance. Mais avec des arrosages irréguliers qui se répètent, le schefflera réagira de moins en moins au bassinage.

- *les jeunes feuilles abritent des insectes, les feuilles sont gaufrées :* il s'agit sans doute de **Pucerons**.

- *les feuilles présentent des amas cotonneux sur la face inférieure :* pour éliminer ces insectes qui sont sans doute des **Cochenilles**, l'astuce consiste à les frotter avec un pinceau de peintre.

• *feuilles qui ternissent et deviennent couleur argentée :* Les **araignées** sont susceptibles de provoquer de tels dégâts.

Autres vertus ou handicap : comme la plupart des plantes de la famille des araliacées, le schefflera est **toxique** pour l'homme et certains animaux de compagnie. Mais selon la bibliographie, cette toxicité provoquée par une concentration assez faible d'oxalate de calcium est faible pour l'homme. Elle se traduit par des dermites et des irritations cutanées. En revanche chez le lapin, l'ingestion peut être mortelle avec d'abord des troubles digestifs. Chez le chien, la toxicité du schefflera se traduit par des vomissements et de faibles troubles de la démarche.

Spathiphyllum
le modèle américain

A ce jour, le spathiphyllum est la plante dont les connaissances sont les plus approfondies en matière de dépollueur de l'air ambiant. Facile à entretenir, il a servi de référence à de nombreuses expérimentations américaines. Noté 8 sur une échelle de 10, ses facultés globales de dépolluant se hissent parmi les plus élevées, au même niveau que l'areca, le shefflera et le *Ficus benjamina*. Ce type de plante est capable d'absorber 10 µg par heure de **formaldéhyde** selon les conditions expérimentales américaines. Toutes ces plantes sont parmi les 10 meilleures à pouvoir le faire. Le spathiphyllum est classé aussi parmi les 14 plantes

d'intérieur qui éliminent le mieux le **xylène**, le **toluène** et aussi l'**ammoniac**. Le spathiphyllum filtre également les **alcools**, l'**acétone**, le **trichloréthylène** et le **benzène**.
Pour optimiser au maximum ses facultés de dépolluant, le spathiphyllum devra être exposé dans un endroit assez humide, à l'éclairage tamisé et pourvu d'un minimum de chaleur. Toutes les pièces peuvent lui convenir excepté les endroits sombres comme les escaliers, les salles sans fenêtres ou les bords de cheminées qui rendent l'atmosphère trop sèche.

Origine : le spathiphyllum, notamment le *Spathipyllum walisii*, est originaire du Venezuela. Ces plantes peuvent atteindre 1 mètre dans de bonnes conditions.

Facilité de culture : facile

Ses exigences : plante tropicale, le spathiphyllum apprécie l'humidité, la chaleur et une lumière diffuse, sans soleil direct.

Les gestes indispensables : pour donner une belle luxuriance à la plante et améliorer l'évapotranspiration, il est recommandé de **nettoyer les feuilles** avec une éponge et de l'eau uniquement.

Température optimum : 16-25 ° C
Température minimum : 15°C

Rempotage : le changement de substrat est peu fréquent, tous les 3 ou 4 ans environ quand les racines ont envahi le pot.

Arrosages : en été, les apports d'eau s'effectuent 2 fois par semaine environ. En hiver, ils sont réduits. Au-delà de 20 °C, un arrosage journalier est recommandé. La terre doit rester légèrement humide. Mais pour éviter les excès d'eau et améliorer le drainage, des billes d'argile ou des graviers sont déposés dans la soucoupe.

Fertilisation : moyennement exigeant, le spathiphyllum demande un apport d'engrais liquide organique ou spécial plantes vertes une fois par semaine. Un engrais à libération lente agira 3 ou 4 mois.

... L'astuce du professionnel

La plante retrouve toute sa luxuriance en enlevant les feuilles et fleurs fanées. Quand on rempote, on peut diviser les touffes pour les mettre dans plusieurs pots.

Pour retrouver une plante en forme :

- *feuilles qui ternissent et deviennent couleur argentée :* ces symptômes peuvent avoir plusieurs origines. **Thrips** ou **araignées** sont susceptibles de provoquer de tels dégâts.

Autre vertus ou handicaps : plante de la famille des aracées réputées pour leur toxicité, le spathiphyllum n'échappe pas à la règle. Mais sa toxicité provoquée par l'accumulation d'oxalate de calcium dans la sève est beaucoup plus faible que chez le diffenbachia. Chez l'homme, le mâchonnement des feuilles peut **irriter les muqueuses** mais sans gravité. Le spathiphyllum est aussi une plante **allergène** qui peut provoquer de l'urticaire et de la rhino-conjonctivite à son contact. Le chat, le chien, le cochon d'Inde et les oiseaux en cage et en volière sont les animaux de compagnie susceptibles d'être touchés. La plante leur provoquerait des **brûlures buccales**.

Des astuces contre les Ravageurs

Araignées : En retournant la feuille, on peut observer comme de la poussière et il est possible d'observer les araignées à la loupe. Inférieures à 1 mm, jaune clair ou rouge avec parfois 2 tâches noirâtres sur les côtés en raison de l'accumulation de leurs excréments, les araignées piquent dans les feuilles pour subvenir à leurs besoins. Elles sont favorisées par une atmosphère trop sèche. Pour les éliminer, plusieurs vaporisations ou des bassinages sont assez efficaces contre ces parasites qui détestent l'eau.

Cochenilles : Il existe trois sortes de cochenilles, les cochenilles à carapace, celles à boucliers et celles à corps mou appelées encore farineuses. Cette dernière est la plus fréquente. Les deux premières sont de couleur jaune à brun. L'humidité et les températures élevées les favorisent. Pour essayer de les éliminer, l'astuce consiste à les frotter avec un pinceau à poils assez durs (pinceau de peintre). Ce geste ne les fera pas tomber mais cassera le stylet qui leur permet de s'alimenter. Coupées de toute alimentation, elles périront.

Mouches blanches : Sorte de petits moucherons blancs de 3 mm environ avec deux paires d'ailes, ils provoquent de nombreuses piqûres sur le feuillage en injectant une salive toxique pouvant véhiculer des virus. Les larves ovales et très aplaties, sans ailes, formant de minuscules écailles blanches, se trouvent toujours à la face inférieure des feuilles. Des tâches chlorotiques apparaissent sur les feuilles ainsi que des zones noires gluantes provoquées par un champignon, la fumagine, à la suite de la production de miellat par les larves. En secouant la plante, les mouches blanches s'envolent pour se reposer rapidement. Une douche peut en éliminer quelques-unes, de même que le passage d'un pinceau assez dur sur les feuilles peut également casser le stylet leur permettant de se nourrir. Mais aucune solution efficace ne permet de les éradiquer.

Pucerons : Petits insectes globuleux gris ou vert de 4 mm maximum parfois munis d'une carapace blanche, les pucerons se réfugient souvent sous les feuilles et sucent la sève à l'aide d'un stylet. En frottant ces pucerons à l'aide d'un pinceau aux poils assez durs, il est possible d'en éliminer quelques uns mais l'opération est moins efficace que pour les cochenilles. Des vaporisations d'eau sont également susceptibles de les éloigner.

Thrips : Longs de moins d'1 mm de couleur jaune- clair ou brun, au corps fusiforme, les thrips sont des insectes piqueurs qui vident le contenu des cellules. Ils ne sont observables qu'à la loupe. Aucune intervention n'est vraiment efficace. Ils sont toutefois rares dans les lieux habitables. L'infestation peut provenir d'un séjour prolongé en milieu extérieur.

Pépinière Patrick Nicolas
8 sentier du Clos Madame
92 190 Meudon
collection CCVS de lierre

www.palmaris.org
www.kuentz.com

Sas Morel diffusion
Saint Jean les Caïs
Route de Bagnols en Forêt
83 600 Fréjus
tel 04 94 19 73 04
www.cyclamen.com

Institut national de l'horticulture (INH)
2 rue Le Nôtre
49 000 Angers

Centre hospitalier universitaire d'Angers
Centre anti poison
Centre d'allergologie
4 rue Larrey
49 933 Angers cedex 9

Faculté de pharmacie
3 rue du professeur Laguesse
BP 83
59 006 Lille Cedex
tel 03 20 96 40 40

Société Phytorestore
8 rue sentier
75 002 Paris

Ecole agriculture horticole de Pouillé
Route de Pouillé
49 130 Les Ponts de Cé

Dans la collection Vivons Bio

L'alimentation bio, Estelle Guerven
Les produits cosmétiques au naturel, Estelle Guerven
La cuisine bio de l'amour, Natacha Duhaut
Mon jardin biologique, Pierrick Le Jardinier
Cuisinons avec les huiles essentielles, *Odile Davy, Martine Fayolle*
Vivre sans lait, pour vivre mieux, *Natacha Duhaut, Béatrice Thibault*

ADRESSES UTILES

Plant'Airpur
23 passage Heurtevents
43 100 Angers
http://www.plantairpur.fr
plantairpur@wanadoo.fr
tel : 06 07 99 19 26

http://www.healthygreenatwork.org : site officiel de campagne de l'Union européenne de plantes et bien être sur le lieu de travail

Ets Gaignard
Chemin de la Glardière
49 130 Les Ponts de Cé

Est Horticole Michel Brunet
256 chemin des Vertus
79 550 Saint-Aubin-sur-Scie

Barrault Horticulture
Le Mortron
49 170 La Possonnière
www.horti-barrault.com

Pigot S.a.r.l
Les Fontaines de l'Aunay
49 250 Tiercé
info@pigot.com

CapaOuest
Centre anti poison animal de l'Ouest
Ecole nationale vétérinaire de Nantes
Atlanpôle
BP 40706
44307 Nantes cedex03
tel 02 40 68 77 40

Ets Bernier
La Contré
49 170 Saint-Georges-sur-Loire